Josef Griesbeck
55 meditative Impulse

W0087375

Für Schule, Gottesdienst und Gemeinde

Josef Griesbeck

55 meditative Impulse

HERDER

FREIBURG · BASEL · WIEN

Hinweis:

Die in diesem Buch vorgeschlagenen Lieder sind den Liederbüchern

Effata 1 – Neue religiöse Lieder. Passau 1990,

und

Effata 2 – Neue religiöse Lieder. Passau 1998,

entnommen. Die Titel können bezogen werden über das

Bischöfliches Jugendamt, Innbrückgasse 9, 94032 Passau,

Tel. 0851 / 393282

Alle Rechte vorbehalten – Printed in Germany

© Verlag Herder Freiburg im Breisgau 2001

www.herder.de

Umschlaggestaltung: Finken & Bumiller, Stuttgart

Titelbild: K. Michels

Herstellung: freiburger graphische betriebe 2001

www.fgb.de

Gedruckt auf umweltfreundlichem,

chlorfrei gebleichtem Papier

ISBN 3-451-27714-X

Inhalt

Vorwort

Vieles in unserem Leben und von dem, was uns fast täglich begegnet, finden wir schön, wichtig und wertvoll. Aber nur ganz selten haben wir die Zeit und die Möglichkeit, den Dingen um uns herum Beachtung und Geltung zu verschaffen.

Wir verschenken beispielsweise eine Rose, sagen dazu vielleicht noch ein paar nette Worte und das war es dann auch schon. Wir schauen die Sterne an und spüren dann auch in uns die Sehnsucht nach Weite und dem ganz Anderen; – und dann holt uns wieder die Realität dieser Erde ein. Wir finden auch die Sonne beglückend und Leben spendend, aber wer beklatscht schon einen Sonnenaufgang oder -untergang? Was bewegt uns innerlich wirklich beim Läuten einer Kirchenglocke, wenn wir eine Kerze entzünden oder einen Tannenzweig in den Adventskranz binden? Dem gegenüber steht das Bedürfnis und die Sehnsucht nach dem, was mit Loslassen, Sinnerfahrung, Spiritualität und Selbstverwirklichung zu umschreiben ist. Und gewiss ist, dass alle Menschen Begegnung mit dem suchen, was unser Dasein bereichern kann und unser Leben überdauert.

In diesem Buch werden Elemente und Dinge in das Blickfeld gerückt, mit denen wir immer wieder zu tun haben, und zwar für vielfältige meditative und liturgische Bereiche. Angefangen vom »Gehen in die Nacht« (Adventsgang), über erleb- und greifbare Meditationen und körperorientierte Übungen bis hin zu einem vielfältigen Angebot für gottesdienstliche Elemente.

Alles hat seine Zeit, so heißt es bei Kohelet im dritten Kapitel. Und es wird eine Zeit genannt zum Reden und eine Zeit zum Schweigen, eine Zeit zum Zerreißen und eine Zeit zum Zusammennähen, eine Zeit zum Verlieren und eine Zeit zum Behalten. In Anlehnung an diesen Text werden in diesem Buch elf Kapitel für die notwendigen Zeiten eingebracht, angefangen von der Zeit zum Anfangen, über die Zeit des Wachsens und der Farben bis hin zur Zeit des Geistes und des Loslassens. Jedes Kapitel bringt fünf Angebote zur Meditation, zur Verwendung für Früh- oder Spätschichten, für Einstiegsimpulse und für ungewöhnliche Zeiten wie zum Beispiel zur Mitternachtsmeditation. Das ergibt: 55 meditative Impulse.

JOSEF GRIESBECK

ZEIT DES ERWACHENS

Morgen

Zugang

Der Gehalt des Morgens ist eng mit dem der aufgehenden Sonne verknüpft. Die Morgendämmerung, die Morgenröte und der Tau am Morgen wirken in besonderer Weise auf alle Lebewesen.

Aus Indien und auch aus verschiedenen Indianerstämmen sind uns Rituale und Gesten überliefert, mit denen der neue Tag begrüßt wird und die Zeit zur Besinnung lassen. Spuren davon sind in allen Kulturen zu finden. So zum Beispiel das morgendliche Angelusläuten in den christlichen Gemeinden und der Gebetsruf vom Muezzin der muslimischen Gläubigen.

Voraussetzungen

Bei angenehmer Witterung und einer zu erwartenden aufgehenden Sonne kann und soll ein ruhiger Platz im Freien gesucht werden. Ansonsten kann es auch ein größerer Raum sein, in dem man die aufgehende Sonne sieht.

Für dieses Angebot soll genügend Zeit zur Verfügung stehen und gegebenenfalls vor dem gemeinsamen Frühstück stattfinden. Die Ausrichtung sollte bereits im Vorfeld bzw. am Vorabend deutlich gemacht werden.

Sonnengebet

1

Wir stehen aufrecht und schauen die Sonne. (Osten)
Wir atmen bewusst, nehmen unseren Körper wahr
und freuen uns an der aufgehenden Sonne.

Wir freuen uns mit dir, du Schwester Sonne.
Mache unseren Tag hell und bringe uns Leben
und einen erfüllten Tag.

2

Wir berühren mit beiden Händen den Boden.
Gruß dir Mutter Erde,
die du uns trägst auch an diesem Morgen.

3
Wir strecken unsere Arme offen nach oben
und halten sie wie eine Sonne über dem Kopf.

Leuchte über uns, du Feuerball des Lebens,
und erwärme unsere Gedanken und das Herz.

4
Wir machen eine Vierteldrehung nach rechts. (Süden)
Die Hände halten wir wie eine Schale vor uns.

Fülle unsere Hände und diesen heutigen Tag
mit guten Gaben und deinem Segen.

5
Mit einer weiteren Vierteldrehung stehen wir nun
wie die Sonne am Abend im Westen.
Die rechte Hand zeigt seitlich und offen nach oben
und die linke seitlich mit der Handinnenfläche nach unten.

Wir sind bereit zu geben und zu nehmen,
damit alle Menschen in Frieden leben können.

6
Wenn wir eine weitere Vierteldrehung machen,
dann stehen wir gegen Norden und sehen die Nacht.
Wir halten die Arme abwehrend nach vorne.

Das Böse soll keine Macht über uns haben
und alles was unserem Leib und der Seele schadet.

7
Wir wenden uns wieder der aufgehenden Sonne zu
und falten die Hände vor der Brust zum Gebet.

Du Sonne voll Licht und Leben,
erfülle uns mit deinem Glanz und deiner Wärme.

Leuchte in den heutigen Tag und bringe uns
die Kraft für alles Schaffen und Mühen,
damit gepriesen werde Gott, unser aller Schöpfer.

Ausklang

Wir lösen uns langsam aus dem Gebet und lassen uns noch eine Weile die
Sonne ins Gesicht scheinen. Schweigend kann man dann ungeordnet herumgehen und dem kommenden Arbeitstag entgegen.

→ Das Zitat zum Thema

Es ist wichtig, jeden Tag eine halbe Stunde auf Gott zu hören – es sei denn,
du hast besonders viel zu tun und dann ist eine Stunde notwendig.
(Franz von Sales)

Anfang

Zugang

Jedes Vorhaben hat einen Anfang. Ebenso ein Weg, eine Geschichte oder das menschliche Leben. Jeder Anfang schließt auch die Endlichkeit als eine menschliche Wahrnehmung mit ein, die nur im spirituellen Bereich ein neues Bewusstsein erfährt.

Der »Anfang aller Zeiten« ist und bleibt für uns nicht vorstellbar. Auch der erste Satz im Johannesevangelium »Im Anfang war das Wort« (Joh 1,1) ist für uns nur ein großes Geheimnis. Mehr schon können wir eine Zeile aus dem Gedicht »Stufen« von Hermann Hesse nachvollziehen: »Und jedem Anfang wohnt ein Zauber inne ...«

Lied

Beginne du all meine Tage (Effata 1, Nr. 170)

Jetzt könnten wir eigentlich anfangen.
Doch was ist Anfang? Was ist Neubeginn?
Haben nicht alle von uns
heute schon mit vielen Dingen begonnen?

Heute ertasten wir unsere Anfänge
in und mit den vier Himmelsrichtungen
und spüren den Ursprüngen unseres Lebens
und dem Lauf dieser Erde nach.

Im Osten geht die Sonne auf.
Am Anfang schuf Gott Himmel und Erde. (Gen 1,1)
Und diese Erde trägt uns.
Geschaffen von Gott vor aller Zeit.
Der Anfang allen Daseins.
− Mit beiden Händen berühren wir die Erde/Boden.

Der Süden bringt uns das Licht:
Er zündete auf Erden das Feuer (vgl. Lk 12,49)
und mit Feuer werden wir getauft in seinem Geist.
So ist der Anfang unseres Lebens
eingebunden in das Feuer der Liebe Gottes.
– Eine Kerze in der Mitte wird entzündet und alle holen mit kleinen
Kerzen dieses Feuer von der Mitte und stellen es vor sich auf.

Der Westen erinnert uns an Wasser:
Bevor das Leben auf dieser Erde begann,
lag Finsternis über der Urflut
und Gottes Geist schwebte über dem Wasser (vgl. Gen 1,2).
Nur dort, wo Wasser ist, kann Leben beginnen.
– In einem bereitstehenden Wasserbecken kann man die Finger eintauchen und dann die Augenlider und den Mund benetzen. -

Aus dem Norden bläst uns der Wind:
Noch bevor ein Mensch abgenabelt wird,
holt er zunächst einmal kräftig Luft.
Damit beginnt das Leben.
Und es endet mit dem letzten Atemzug.
Wir können den Beginn des Atmens nachvollziehen:
– Ruhig atmen, eine Zeit lang nicht atmen und dann tief Luft holen.
Der Anfang ist wieder neu gemacht.

→ **Das Zitat zum Thema**
Hör nie auf anzufangen.
Fang nie an aufzuhören.
(Redensart)

Brunnen

Zugang

Als es noch keine Fernwasserversorgung gab, war der Brunnen in der Nähe eines Hauses oder im Dorf (Dorfmitte!) überlebensnotwendig. Manchmal musste tief gegraben werden, um an sauberes und frisches Wasser zu kommen.

Von daher ist es zu verstehen, dass der Brunnen immer mit den Tiefen der Geheimnisse und als Symbol verborgener Quellen gesehen wurde. Mit dem Hintergrund von sauberem und mineralstoffangereichertem Wasser wurden im Laufe der Zeit auch die so genannten »Heiligen Quellen« ausgemacht, die in manchen Gegenden noch heute von Bedeutung sind.

Eine kleine Brunnen-Meditation

1

Der Ort der Quelle und des Brunnens war und ist ein Treffpunkt der Menschen. Besonders Frauen kamen täglich zum Brunnen, der somit zu einer wichtigen Stätte sozialer Begegnung wurde.

✳

Auch wir haben uns heute um das Wasser versammelt. Eine Schüssel mit frischem Wasser steht in unserer Mitte und erinnert uns daran, dass wir nur ein paar Tage ohne Wasser überleben können.

2

Bleiben wir bei den Frauen, die in früheren Zeiten zum Brunnen kamen. Im ruhigen Wasser konnten sie ihr Spiegelbild erkennen. Das Wasser im Brunnen wurde von daher auch schon immer als eine Möglichkeit zur Selbsterkenntnis gesehen.

✳

Sara, die Frau Abrahams war kinderlos und daher bat sie ihren Mann, mit Hagar ein Kind zu zeugen. Als Sara jedoch Hagar schlecht behandelte, floh Hagar und ließ sich an einem Brunnen nieder.

»Der Engel des Herrn fand Hagar an einer Quelle in der Wüste, an der Quelle auf dem Weg nach Schur.«(Gen 16,7) Der Engel gab ihr Mut und versprach ihr einen Sohn und Nachkommenschaft. Hagar antwortete:

»Habe ich hier nicht nach dem geschaut, der nach mir schaut?«. Darum nannte sie den Brunnen »Brunnen des Lebendigen«, der mich sieht.

3

Wer das Wasser sucht oder zu einem Brunnen geht, will etwas. Vielleicht einfach nur Wasser holen! Oder nur jemanden treffen! Aber alle Menschen tragen in ihrem Herzen immer auch die Hoffnung, etwas Neues für ihr Leben zu erfahren. Unter den wasserschöpfenden Frauen waren auch immer schon solche, die sich erhofft haben, dort ihre späteren Ehemänner zu treffen.

✳

Am Brunnen begegnete Jesus der samaritischen Frau (Joh 4,1-26). Jesus bittet sie um einen Schluck Wasser und beginnt somit das Gespräch. Ein Bild für »Sich-gegenseitig-Leben-geben«. Der Brunnen bleibt nicht nur ein Ort der Selbsterkenntnis, sondern wird zu einer Gotteserfahrung. Jesus entgegnete nämlich: »Wer von diesem Wasser trinkt, wird wieder Durst bekommen; wer aber von dem Wasser trinkt, das ich ihm geben werde, wird niemals mehr Durst haben, vielmehr wird das Wasser, das ich ihm gebe, in ihm zur sprudelnden Quelle werden, deren Wasser ewiges Leben schenkt.«

Ausklang
Zeit zum
- Verweilen am Wasser.
- Sich mit dem Wasser benetzen.
- Das Wasser zur Ruhe kommen lassen.
- Das Spiegelbild im Wasser sehen.
- Eindrücke und Erfahrungen austauschen.

→ Das Zitat zum Thema
Spucke nie in einen Brunnen, denn schon im nächsten Moment kannst du genötigt sein, sein Wasser zu trinken.
(Russisches Sprichwort)

Glocke

Zugang

Eine Glocke sehen wir in erster Linie in Zusammenhang mit einer Kirche. Von dort wird zumeist dreimal am Tag zur Sammlung und zum Gebet geläutet. Im Besonderen rufen die Kirchenglocken zum Gottesdienst oder begleiten einen feierlichen Einzug in die Kirche. In manchen größeren Orten hat man sich auch auf Grund des gleichzeitigen Läutens von mehreren Glocken schon zu sehr daran gewöhnt. Auch der Umweltlärm trägt dazu bei, dass der Klang der Glocken vielfach wenig Beachtung findet.

Am Treffpunkt zu einem feierlichen Einzug oder bei ähnlichen Ausrichtungen können die Glocken in die aufmerksame Beobachtung geholt werden.

Sammlung

1.

Jemand schlägt an eine kleine Glocke oder im Kirchenturm an die große Glocke.
Dieser Glockenschlag trifft uns im Brustbereich und macht uns wach und bereit für das kommende Geschehen. Wenn wir dann einziehen, werden es hellere Töne sein und diese machen uns froh und bringen eine feierliche Stimmung. Das Läuten der Glocken beruhigt und entspannt uns aber auch. Das liegt an der Resonanz, die zwischen der Glocke und mir entsteht.

2.

Ich habe hier eine kleine Glocke. Sie klingt sehr hell. In früheren Zeiten wurde eine solche Glocke an den Christbaum gehängt und wenn sie ertönte, dann durften die Kinder in das Weihnachtszimmer kommen. Das ist ein Hinweis darauf, dass die Menschen in der Glocke einen Widerhall der Göttlichkeit spüren. Wir werden in Kürze mit Glockenklang in den Feierraum einziehen. Dann kann das für uns ein Symbol für die Verbindung zwischen Himmel und Erde sein. Darum lasst uns jetzt diese Verbindung mit dem Göttlichen suchen, denn immer, wenn die Menschen etwas Wichtiges feiern, ist der Himmel mit dabei!

3.

Einige (oder alle) schlagen nacheinander eine Glocke kurz an und warten dann immer, bis der Klang ganz verhallt ist.

Früher meinten manche Leute, dass die Glocken Unheil abwenden können. Vielleicht haben die Schwingungen auch einiges bewirkt. Wir können das für uns jetzt so sehen, dass wir nun für diesen Gottesdienst alles Böse und Unheilige ablegen und uns mit dem gleich beginnenden Glockenkonzert auf die Feier einstimmen.

→ Das Zitat zum Thema

Sonntag ist, wenn die Glocken öfter läuten als das Telefon.
(Thomas Romanus)

Tor

Zugang

Das Tor im Sinne einer großen Tür diente besonders in vergangenen Zeiten als Eingang in eine befestigte Stadt oder zu einer Burg. Für die siegreiche Heimkehr wurde nicht selten den Helden ein triumphaler Torbogen errichtet.

Ein Tor ist Sinnbild des Übergangs von einem Bereich in den anderen, z.b. von einem profanen zum heiligen Bereich, vom Diesseits ins Jenseits.

Wächter am Tor

Ein Tor kann auch verschlossen sein und es stehen Wärter am Tor, die die Kommenden und Gehenden überprüfen. Im Vor- bzw. Statioraum werden alle persönlich begrüßt:

Willkommen vor dem Eingang zur Kirche/Raum, der für uns heute das Tor versinnbildlichen soll; durch das wir später gehen werden. Wir haben uns auch ein wenig als Torwärter verkleidet und möchten daher zunächst alle persönlich begrüßen und zum Zeichen, dass ihr willkommen seid, werden wir euch einen aus Papier geschnittenen Schlüssel überreichen.

Bereitung

Wir möchten heute mehr als sonst unseren Versammlungsraum zur Geltung kommen lassen. Darum wollen wir den Eingang als Tor deutlich machen. Ein Tor ist immer ein Übergang vom Alltäglichen und Besonderen. Und immer, wenn wir auf etwas Besonderes hingehen oder zu einem Fest eingeladen sind, dann bereiten wir uns zunächst. Wir nehmen ein Bad, frisieren uns und ziehen uns um. Christen haben schon immer die Bereitung zu ihren Versammlungen auch als ein Freimachen von dem gesehen, was sie belastet hat oder was man ablegen muss, um befreit und ganz im »Kreis der Erlösten« aufgenommen zu sein.

Deshalb laden wir ein, auf den Schlüssel das aufzuschreiben, was wir zurücklassen wollen. Das können ganz persönliche Angelegenheiten sein, aber auch Gegenstände wie z.B. ein Handy, der Hausschlüssel oder anderes. Wir legen das hier in den Korb und nachher kann man sich das wieder nehmen.

Am Tor wird in einer Schale ein kleines Feuer entzündet. Wer mag, kann darin den beschrifteten Schlüssel verbrennen zum Zeichen der Reinigung, und dass für uns das Tor geöffnet ist.

Ich bin die Tür: Johannes 10,7–10

»Weiter sagte Jesus zu ihnen: Amen, amen, ich sage euch: Ich bin die Tür zu den Schafen. Alle, die vor mir kamen, sind Diebe und Räuber; aber die Schafe haben nicht auf sie gehört. Ich bin die Tür; wer durch mich hineingeht, wird gerettet werden; er wird ein- und ausgehen und Weide finden. Der Dieb kommt nur, um zu stehlen, zu schlachten und zu vernichten; ich bin gekommen, damit sie das Leben haben und es in Fülle haben.«

Durch das Tor

Wir laden nun ein durch das Tor zu gehen.

- Um das noch mehr zu unterstreichen, bilden hier am Eingang einige Personen ein Tor und das soll auch ein Hinweis sein, dass das Tor zum Leben ein lebendiges Tor ist.
- Am Tor stehen auch links und rechts zwei Personen mit brennenden Kerzen. Das kann uns daran erinnern, dass wir von den Dunkelheiten unseres Alltags in das Licht Gottes eintauchen.
- Danach ist ein Becken mit Wasser aufgestellt. Wer mag, kann mit den Fingern dort eintauchen zum Zeichen der Lebendigkeit und der Kraft zur Erneuerung.
- Schließlich haben wir auch noch an den Duft gedacht. Aus einem Weihrauchfass werden alle mit dem Wohlgeruch und Duft belegt. (auch Räucherstäbchen!)

→ **Das Zitat zum Thema**

Die sicherste Tür ist die, die man offen lassen kann.
(aus China)

ZEIT DES AUFBRUCHS

Weg

Zugang

Alles was lebt, ist in Bewegung. Um von einem Ort zum anderen zu kommen, entsteht ein Weg, auf dem man sich be-weg-en kann.

Ein Weg oder die Straße steht auch für den Lebensweg eines Menschen. Wir sind in ständiger Bewegung und jede in Raum und Zeit sich abspielende Handlung ist ein Teil unseres Lebensweges. Auf allen diesen Wegen gibt es Kreuzungen und Engpässe, aber auch Wegweiser und Raststätten.

Wegerfahrungen

Dazu wird im Vorfeld eine geeignete Wegstrecke von 1-3 Kilometern ausgesucht. Es kann auch ein Rundweg sein, der wieder zum Ausgangspunkt zurückführt.

1 Weg – Gang

Wir brechen auf. Jeden Tag brechen wir neu auf, wenn wir etwas neu beginnen oder wiederholen. Wir machen uns auf den Weg, weil wir nicht stehen bleiben wollen, wo wir immer sind. Wir stellen uns dem, was uns auf diesem Weg erwartet.

Vorhaben

Mit dem festen Willen, etwas zu beginnen, aber auch mit dem Wissen, dass nicht alles Erfolg hat, probieren wir den »Pilgerschritt« für eine kurze Strecke:
Drei Schritte gehen (rechts / links / rechts),
einen Wiegeschritt (links zurückwiegen)
wieder von vorne.
Dazu leichter Trommelschlag, etwas Ähnliches, passende Musik
Oder das Lied: Geh mit uns (Effata 2, Nr. 82)

Losung für die nächste Wegstrecke:

Was das Leben ausmacht, sind nicht die Ziele, sondern die Wege zum Ziel.
(Peter Bamm)

2   Weg – Fall

Nicht jeder Weg ist gerade und eben. Es gibt immer Kurven, Steigungen und auch Abgründe.

Vorhaben

Je nach Weglage und Beschaffenheit wird eine Aufgabe gestellt, die die Achtsamkeit aller und untereinander fordert. Zum Beispiel im »Gänsemarsch« und mit Handfassung gehen, oder zwei, drei oder auch fünf haken sich ein und gehen so miteinander. Bei einem Weg den Berg hinauf könnte sich auch jemand von einer Kleingruppe bereit erklären, einem schwächeren Weg-Genossen zu helfen.

Lied

Einsam bist du klein (Effata 1, Nr. 225)

Losung für die nächste Wegstrecke

Fast immer ist der richtigste Weg der schwerste.
(Francois Mauriac)

3   Weg – machen

Auf einem steilen Mountainbike-Weg zu einer Berghütte lagen in Abständen immer wieder abgeholzte Baumstämme über den Weg. Wie sich später herausstellte, haben sich einige Halbwüchsige diesen »Spaß« erlaubt. Wir denken an die Hindernisse, denen wir im Leben schon begegnet sind oder die uns derzeit zu schaffen machen. Dabei kann uns das afrikanische Sprichwort gute Impulse geben: »Zu Bäumen, die keine Früchte tragen, führt kein Pfad«.

Vorhaben

Suche dir einen Weggenossen und wenn ihr mögt, sprecht miteinander von diesen Hindernissen im Leben.

Lied

Hände, die schenken, erzählen von Gott (Effata 1, Nr. 200)

Es gibt keinen Weg zum Frieden, wenn nicht der Weg schon Frieden ist.
(Martin Luther King)

4 Weg – Kreuz

Vor uns trennen sich die Wege. Wie im Leben auch, stellt sich hier die Frage, welchen Weg wir nehmen sollen.
Schon so manches habe ich mir vorgenommen oder ich war der Ansicht, auf dem richtigen Weg zu sein. Aber dann kam alles ganz anders. Manchmal weiß ich wirklich nicht, was besser ist und oft können mir dabei auch meine Freunde nicht helfen.
Später weiß ich dann mehr und mir bleiben Erfahrungen, die für mein Leben so wichtig sind.

Vorhaben

Ein Kreuz am Wegrand erinnert uns an die Schwierigkeiten und das Leid in dieser Welt. Wir haben zwei Balken dabei, die wir nun zu einem Kreuz zusammenbinden und mit auf unseren Weg nehmen.

Lied

Ich steh am Anfang eines Weges (Effata 2, Nr. 153)

Losung für die nächste Wegstrecke

Ein Wegweiser darf nicht den Weg-Suchenden auf den Buckel nehmen und zum Ziel tragen. Ein Weg-Weiser muss stehen bleiben und dem anderen zutrauen, dass er seinen Weg geht.
(Bernhard Stein)

5 Weg – Gefährte

Heute sind wir zusammen unterwegs. Aber oft muss ich ganz allein meinen Weg gehen. Wer ist mit mir, wenn ich einsam bin oder Hilfe brauche?
Es sind oft Menschen, die mir helfen und Jesus, der wie wir Wege dieser Erde gegangen ist.

Vorhaben

Immer zwei gehen zusammen und suchen nach möglichst vielen Gemeinsamkeiten. Zum Beispiel: Wir kochen beide gerne, haben dieselben Ansichten über die Engel, wollen nach Afrika reisen, Lieblingsschriftsteller...

Lied

Ich möcht', dass einer mit mir geht (Effata 1, Nr. 173).

Losung für die nächste Wegstrecke

Es gibt so viele Wege zu Gott, wie es Menschen gibt.
(Laurentius Siemer)

Wir danken für diesen Weg,
der uns Zeichen und Hinweis war.
Und für die vielen Wege in unserem Leben
und unser ganzes Lebenswerk.

Wir sind dankbar für die Weggemeinschaft,
für Menschen, die mit uns gehen
und die da sind, wenn wir sie brauchen.

Wir wurden wieder daran erinnert,
dass es Wegweiser gibt
und auch Wegränder, die uns die
Begrenztheiten des Lebens zeigen.

Einer ging mit uns:
Jesus, unser Bruder,
der für uns der sichere Weg ist,
die Wahrheit und das Leben. (vgl. Joh 14,6)

→ **Das Zitat zum Thema**

Der Weg ist schmal, der zum Leben führt.
(Mt 7,14)

Gehen

Zugang

Die elementare Fortbewegungsart ist und bleibt das Gehen mit unseren Füßen. Der Mensch geht zudem aufrecht. Auch ist der Mensch ständig von Hoffnung und Furcht getrieben und bewegt sich fast ständig auf ein Ziel zu oder von einem Gefahrenpunkt weg. Im übertragenen Sinne sprechen wir auch vom Ver-gehen (verschwinden, verfehlen) oder von »be-treten sein« und meinen damit die Betroffenheit. Manchmal treten wir auf der Stelle. Wir sprechen auch vom »Gang der Ereignisse« oder vom »Lauf der Geschichte«. Das Gehen begleitet uns ständig und ist von großer Bedeutung!

Geh-Übungen

Wir gehen durch den Raum. Einfach gehen, als würden wir durch eine Einkaufsstraße bummeln.

✳

Jetzt gehen wir schweigend durch den Raum. Dabei achten wir auf unsere Schritte und auch auf die Menschen, denen wir begegnen. Aber wir machen das schweigend.

✳

Jetzt schließen wir die Augen. Wir achten darauf, mit niemandem besonders zusammen zu stoßen. Bitte wiederum schweigend. Wir werden feststellen, dass sich unser Fortkommen sehr verlangsamt. Wir könnten besonders darauf achten, mit unseren Schritten niemanden zu stören.

✳

Jetzt bleiben wir für einen Augenblick stehen und verschnaufen uns. Dann gehen wir weiter, aber dieses Mal rückwärts mit geschlossenen Augen. Wir erleben bei unserem Gehen eine große Sensibilität in uns und den anderen.

✳

Bisher waren alle allein unterwegs. Im normalen Leben gehen wir aber oft mit jemandem zusammen. Das könnten wir jetzt auch probieren: Zwei haken sich ein und beide schließen die Augen. Es soll wieder nicht gesprochen werden. Man kann vorwärts oder auch rückwärts gehen.

✳

Es wird noch etwas schwieriger: Die Hälfte der Paare geht zurück bis zur Wand und die anderen stellen sich allein im Raum verteilt auf. Die Aufgabe der Paare lautet: Eine Person schließt die Augen und lässt sich von der anderen durch den Raum bis zur anderen Wand führen. Es soll wiederum nicht gesprochen werden und man soll darauf achten, auf niemanden zu stoßen, und zwar weder mit jenen im Raum noch mit anderen, die unterwegs sind.

✳

Letzte Gehübung: Die Hälfte der Personen stellt sich an einer Wand auf und die andere Hälfte steht wieder im Raum verteilt. Man soll jetzt von der einen Wand bis zur gegenüberliegenden gehen und zwar mit geschlossenen Augen. Dabei soll man auf keine Personen stoßen, die im Raum verteilt stehen.

In einem ersten Durchgang können die im Raum stehenden Person Summtöne von sich zu geben und so auf sich aufmerksam machen. Dann soll einem »Hindernis« allein durch Gespür ausgewichen werden.

Oder: Die Hälfte der Personen liegt verteilt auf dem Boden und schließt die Augen. Die anderen gehen sehend von einer Wand zur anderen und versuchen, niemanden mit den Füßen zu berühren.

Auswertungsgespräche:
◆ Was ist mir aufgefallen?
◆ Wie erging es mir?
◆ Was hat nicht geklappt?
◆ Was habe ich gelernt?

→ **Das Zitat zum Thema**
Jeder Schritt führt näher zum Ziel. Das gilt auch für Rückschritte.
(Ernst Jünger)

Kreislauf

Zugang

Nicht nur in der Natur, sondern auch im täglichen und konkreten Leben begegnen wir einem immer wiederkehrenden Kreislauf. Immer wieder ist es ein Anfangen und Werden, ein Kommen und Gehen, ein Reifen und Vergehen. Dieses Werden und Vergehen verheißt neue Hoffnungen und nicht selten auch ein schmerzliches Empfinden. Es zwingt uns zum Nachdenken und zum Innehalten. Manchmal denken wir auch daran, dass dieser Kreislauf in Gott seinen Ursprung hat und zurück zu Gott drängt.

Ich habe auf einer großen Papierfläche drei Kreise angelegt. Wir beginnen mit dem Außenkreis.

Bereich Schöpfung (Außenkreis)

Irgendwann wurde diese Erde geschaffen. Aus dem Urknall, aus dem unendlichen Nichts. Die Christen sagen: Im Anfang war das Wort. Wir legen nun vier Symbole in diesen Außenkreis.

✳

Es könnte so gewesen sein, dass aus Stein und Felsen biologisches Leben entstand. Ich habe hier einen Stein, aus dem etwas zu wachsen scheint.

Ich gebe diesen Stein im Kreis herum. Alle können schauen und befühlen, den Anfang der Erde herholen. Dann legen wir ihn auf die Linie des äußeren Kreises.

✳

Irgendwann ist die Erde entstanden, wie sie heute ist. Dieser kleine Erdklumpen zeigt das.

Nehmt diese Erde in die Hand und trägt sie einige Sekunden lang. Dann legen diese unsere Erde auf die Linie des äußeren Kreises.

✳

Dieser bunte und aus Filz hergestellte Ball soll zum Ausdruck bringen, dass Leben und Farbe in diese Erde kam. Pflanzen, Tiere und Menschen bewohnen sie. Sie ist schön und fein gewoben wie dieser farbenfrohe Ball aus Filz. *Anschauen, befühlen und dann ablegen.*

*

Was wird aus dieser Erde? Wann und wo endet sie einmal? Was wird dann sein? Eine Lösung muss oder wird es dazu geben. Als Zeichen dafür legen wir einen Schlüssel in den äußeren Kreis.

Bereich Natur *(mittlerer Kreis)*

Wir haben heute eine Kompostieranlage besichtigt. Wer zu Hause einen Garten hat, kann täglich das neue Keimen, Wachsen und das Zurückfallen in die Erde erleben.

*

Ich habe eine Rose aus dem Garten mitgebracht. Sie strahlt im Glanz und spendet Duft. Ein Wunderwerk, einfach herrlich.

Nehmt sie, schaut sie einige Herzschläge lang an und riecht daran. Dann legen wir sie auf die Linie des zweiten Kreises.

*

In diesem Glas sind verwelkte und bereits angefaulte Pflanzen. Alle äußerliche Schönheit zerfällt. Wer will, kann daran riechen, dann stellen wir diese absterbende Natur in den zweiten Kreis.

*

Ein Sterbehospital in Amerika streut die Asche in den Garten und an der immerwährenden Blütenpracht kann man deutlich sehen, wie aus dem Gewesenen wieder etwas Neues entstehen kann.

Dieses Glas mit Humus stellen wir zum Zeichen der Vergänglichkeit in den zweiten Kreis.

*

Im letzten Glas befindet sich Samen. Auch wenn der Apfel, der Kürbis oder die Sonnenblume vergeht und verfault, der Same überlebt für ein neues Werden.

Anschauen, befühlen, in den Kreis legen.

Bereich Mensch *(Innenkreis)*

Rabbi Meir sprach: »Der Mensch wird mit geschlossenen Fäusten geboren und stirbt mit geöffneten Händen. Wenn er kommt, will er alles besitzen, wenn er geht, hat er nichts.«

＊

Diese kleinen süßen Kinderschuhe erinnern uns an einen neu geborenen Menschen.

Wir legen sie in den dritten Kreis.

＊

Wir sehen oder denken an junge Menschen, die wahrscheinlich noch lange leben werden und im sprichwörtlichen Sinn im blühendem Leben stehen. Nicht immer können die älteren Menschen alles verstehen und nachvollziehen, was da läuft. Symbolisch möchte ich hier eine leuchtende Haartönung in den Kreis legen. Etwas, was besonders junge Menschen kreativ einbringen und damit ihren Körper schmücken.

In den Kreis legen.

＊

Etwas Wichtiges im Leben ist die Gärung. Wenn wir etwas planen und entwickeln, dann braucht das seine Zeit, und oft im Widerstreit und den gegebenen Realitäten gärt es solange, bis es optimal oder ausgereift ist. Gärung ist ein Akt der Umwandlung und diese Umwandlung wird auch im Wein deutlich, der beim Gottesdienst als spiritueller Hinweis auf das ganz andere Reich, auf Gottes Beziehung gegeben wird.

Ich stelle einen Becher Wein in den Kreis.

＊

Einmal geht unser Leben zu Ende. Der Kreis des Lebens schließt sich.

Dafür stelle ich eine Kerze in den Kreis.

Bereich Gott

Gott ist der Ursprung allen Seins. Darum lege ich jetzt das Zeichen »Alpha« außerhalb der drei Kreislinien.

＊

Dieser Anfang geht auf ein Ziel hin. Auf unseren Platz in der Mitte. Auf der Zielrichtung hin zu dieser Mitte (der drei Kreise) lege ich jetzt zum Zeichen der Zeit und Ewigkeit eine farbige und rieselnde Zeituhr.

＊

Omega ist das Zeichen der Erfüllung. Ich lege es unmittelbar vor den Mittelpunkt auf unseren Platz.

*

Unsere Augen schauen nun den Punkt in der Mitte. Ich setze dort einen Kreisel in Bewegung und das kann uns Zeichen dafür sein, dass Gott Mittelpunkt von allem ist, was kommt und geht, was in Bewegung ist. Der Kreisel dreht sich, ist aber zugleich der ruhende Punkt. In Gott finden wir Erfüllung und Ruhe.

Lied
Eine Hand voll Erde (Effata 1, Nr. 205)

Segen
Du Gott mit deinem guten Segen,
sei in allem, was beginnt.
Gib uns Kraft zur Blüte und zum Leben
und Hoffnung, wenn unser Sein verrinnt.

Gib Sinn und Reife unserem Leben,
lass wachsen Frucht und Samen.
Wenn wir dann von dieser Erde gehen,
so lass uns sein in deinem Licht. Amen

→ **Das Zitat zum Thema**

Die Wissenschaft hat herausgefunden, dass nichts spurlos verschwinden kann. Die Natur kennt keine Vernichtung, nur Umwandlung.
(Wernher von Braun)

Stationen

Zugang

Eine Station ist ein Haltepunkt, meistens auf dem Weg zu einem Ziel. An einer Station kann man rasten und sich neu orientieren.

Im religiös-christlichen Bereich entstanden viele Glaubensformen mit Treffpunkten und »Haltestellen«. Zu nennen wären die Prozessionen, Wallfahrten, Kreuzwege und der Adventsgang.

Adventsgang

Hinführung

Der Adventsgang geht auf einen alten Brauch zurück. In einer Zeit, in der die Natur zu schlafen scheint, es sehr schnell dunkel wird und die Menschen mehr als sonst in den Häusern sitzen, haben sie das Bedürfnis, einen Weg in adventlicher Ausrichtung zu gehen.

Der Ursprung des Adventsgangs liegt beim Gang zu den Rorate-Messen und bei verschiedenen Formen der Herbergssuche. Zur Rorate-Messe in der Adventszeit musste man zumeist bei tiefem Schnee und klirrender Kälte gehen und dann traf man auf ein warmes, lebendiges und stimmungsvolle Licht im Kirchenraum. Beim »Frauentragen« kurz vor Weihnachten wurden so genannte Empfängnistafeln von Haus zu Haus getragen, zumeist mit Fackeln, und es kann angenommen werden, dass nicht selten dabei der »freudenreiche Rosenkranz« gebetet wurde: die Frucht Deines Leibes, Jesus, den du, o Jungfrau, ...

... vom Heiligen Geist empfangen hast;

... zu Elisabeth getragen hast;

... geboren hast;

... im Tempel aufgeopfert hast;

... im Tempel wieder gefunden hast.

Immer wurde nach dem Beten und dem Gehen gemeinsam gegessen, getrunken und nicht selten auch getanzt.

Ich lade zu einem Adventsgang ein, der die Bedürfnisse und Sorgen unserer heutigen Zeit aufgreift. Wir gehen durch ein kleines Gebiet unseres Ortes. Unterwegs sind es heute vier Stationen. Wir entzünden eine Kerze zum Zeichen, dass uns das Licht begleiten soll. Wir tragen dieses Licht in einer windgeschützten Laterne, damit uns dieses Licht nicht verloren geht. Wer mag das Licht tragen?

1 Station: Telefonzelle

Ein Telefon, ein Handy oder Internet erinnern uns daran, wie vernetzt wir sind. Oft lebensnotwendig und gar nicht so selten auch reiner Zeitvertreib.

Das Handy ist für viele Menschen inzwischen ganz wichtig geworden. Bei erwachsenen und auch besonders bei jungen Leuten kann man geradezu eine Euphorie feststellen mit dem Wunsch, immer erreichbar zu sein. Vielleicht steht auch die Angst dahinter, ja keinen Anruf zu versäumen. Und deshalb ist dieses Handy auch im Klassenzimmer (verbotenerweise!) eingeschaltet, während des Spazierengehens und sogar bei meditativen Ausrichtungen.

Oder: Die Leute von der Telefonseelsorge berichten, dass seit der kostenlosen Benützungsmöglichkeit häufig junge Mädchen anrufen, sich in auswegloser Situation darstellen und dann mit einem schallendem Gelächter einhängen. Fun, Action und die so in Mode gekommene Verarschung im Sog der Telekommunikation.

Aktion

Wir haben ein Handy bei uns. Wir gehen nun zwanzig Meter von der Telefonzelle weg und jemand aus unseren Reihen ruft uns dann von der Telefonzelle aus an.

Bildlich gesehen, können wir sagen: Das gesendete Wort steigt nach oben und wird über Funk an uns herabgesendet. Das erinnert uns daran, dass wir – wieder im Bild gesprochen – ein Wort aufsteigen lassen können und dann erreicht uns ein Anruf von oben.

Wer mag anrufen – wer mag angerufen werden? *(Den Lautverstärker am Handy einschalten!)*

Textvorschläge

... Auf, werde licht, denn es kommt dein Licht, und die Herrlichkeit des Herrn geht leuchtend auf über dir. (Jes 60,1)

... Fürchte dich nicht, denn ich habe dich ausgelöst, ich habe dich beim Namen gerufen, du gehörst mir. (Jes 43,1)

... Du bist ein Licht auf dieser Welt. (nach Mt 5,14)

... Das Licht ist in die Welt gekommen und gerade auf dem Weg zu dir. (nach Joh 3,19)

... Auch du bist ein Kind des Lichtes. (nach 1 Thess 5,5)

... Bereite auch du den Weg des Herrn. (nach Mt 3,3)

... Jesus ist der Weg und die Wahrheit. (nach Joh 14,6)

Abschluss

Solange es Menschen gibt auf Erden,
suchen sie das Wort: gesprochen, geredet, gehört.

Solange es Menschen gibt auf Erden,
suchen sie die Begegnung: um zu reden, um gehört zu werden.

Solange es Menschen gibt auf Erden,
suchen sie nach der Antwort: Wer bist du Gott? Kannst du mich verstehen?

2 Station: Kinderheim

In dieser Richtung liegt das Krankenhaus, und auch ein Haus mit einer Wohngruppe für Behinderte und ein Kinderheim sind in der Nähe. In den Häusern ringsum sind wahrscheinlich einige Menschen krank oder behindert; sie leiden vielleicht unter materieller Not, leben allein, sind geschieden oder alleinerziehend. In dieser Stadt gibt es auch mehrere Alten- und Kinderheime.

Ein Beispiel kann uns etwas von der Wirklichkeit zeigen: Unser Landkreis hat 55 Kinder in Heimen untergebracht. Dafür müssen die Steuerzahlenden 4,2 Millionen Mark jährlich aufbringen.

Ein statistischer Hintergrund bringt auch noch etwas anderes zum Ausdruck: Von 25 Kindern, die in einem Kinderheim dieses Landkreises leben, steht in 21 Fällen ein alleinerziehender Elternteil dahinter. Viele fühlen sich in der Kindererziehung überfordert.

Wir stecken einen Zweig in den Boden zum Zeichen dafür, dass wir allen die Fülle und Freude des kommenden Weihnachtsfestes wünschen, die krank oder traurig sind.

Ich schlage vor, dass wir bis zur nächsten Station schweigend gehen und dabei über diesen Mangel an vollem Leben nachdenken. Wir kommen dabei auch am Haus von N.N. vorbei, in dem ein gehbehinderter Mann wohnt. Wir denken einfach ganz fest an ihn.

3 Station: Bundesstraße

Hinter diesem Feld können wir die sehr belebte Bundesstraße sehen. Bezogen auf Weihnachten habe ich mir neulich gedacht, ob Maria wirklich auch dann zu Fuß über die Berge zu ihrer Cousine Elisabeth gegangen wäre, wenn es damals schon Asphaltstraßen und Autos gegeben hätte.

Unser Land ist reichlich von Straßen durchzogen. Sie verbinden uns mit anderen Orten und auch die Menschen untereinander. Straßen fordern aber auch Opfer! Europaweit gibt es so viel Verkehrstote, als wenn täglich ein Jumbojet abstürzen würde.

Straßen verursachen auch Lärm! Damit müssen wir leben und angeblich macht das einigen nichts aus. Fest steht aber, dass sich etwa 70 Prozent der Bevölkerung durch Straßenlärm belästigt fühlt. 13 Millionen Bundesbürger wohnen an Straßen mit einem mittleren Schallpegel von mehr als 65 Dezibel.

Es liegt nicht am Motorenlärm, sondern am Fahrgeräusch. Eine Reifenmarke hat bereits einen geräuscharmen Reifen entwickelt, aber ein Manager sagte dazu: »Wir warten auf eine europaweite Reifengeräuschvorschrift!« Ja, bis dahin müssen wir eben mit dem Straßenlärm leben.

Zurück zu Maria. Sie ging zu Fuß und durch die Natur pur. Wahrscheinlich durch schmale Wege über Steppe und Weideland. Mir fällt dazu die scherzhafte Redensart ein: Alle Menschen wollen zurück zur Natur, aber nicht zu Fuß.

Wer mag, kann sich auf das Gehen und seine Schritte bis zur nächsten Station konzentrieren und zwar dadurch, dass man seine Schritte zählt.

4 Station: Baum

Diesen Baum haben wir bei einem Nachtgang unserer Liturgischen Nacht vor sieben Jahren gepflanzt. Wir hatten das Thema »Dann werde ich wachsen«.

Die tragende Aussage damals war: »Wenn du mich zart und sanft berührst, wenn du mich anschaust und mir zulächelst, wenn du mir zuhörst, bevor du redest, werde ich wachsen, wirklich wachsen.« (Muriel James / Dorothy Jongeward)

Das gilt bei den Menschen und das gilt bei den Pflanzen: Was wachsen soll, braucht Zuwendung. Ein hohes Maß an Zuwendung verbinden alle Menschen mit dem Weihnachtsfest. Und in fast allen Wohnungen steht ein Weihnachtsbaum.

Ein Baum: Er wächst immer nach oben, erhebt sich über der Erde und sucht den Himmel und das Licht.

Seit acht Jahren haben wir diesen Baum fast nicht mehr beachtet. Damals hat uns der städtische Beauftragte gesagt, dass hier der Baum gepflanzt werden soll, weil der daneben kaputt ist und bald gefällt werden muss. Aber dieser wurde bis jetzt noch nicht gefällt und ich meine, dieser alte Baum stört ganz schön den freien Wuchs des jungen. Fast so wie im Leben! Ich habe Wasser mitgebracht und wir könnten ihn symbolisch begießen, damit er groß und kräftig wird.

→ **Das Zitat zum Thema**

Alles wirkliche Leben ist Begegnung.

(Martin Buber)

Stern

Zugang

Der Stern am Nachthimmel ist das Symbol für das die Finsternis durchdringende, geistige Licht. Darum reden die Menschen auch von einem »Stern am Himmel«, wenn Licht in ihr Leben kommt.

Besonders in der Advents- und Weihnachtszeit bekommen die Sterne eine besondere Bedeutung und werden in vielen Variationen eingebracht und ausgestaltet.

1   Station: Aufbruch

Wir gehen heute mit einem Stern und wir sind auf der Suche. Alle Menschen suchen nach Zielen, nach einem Glück. Für die Christen ist der Stern ein Symbol für den richtigen Weg, weil der die Weisen aus dem Morgenlande zu Jesus, dem neuen Stern am Himmel, geführt hat.

Schon zu allen Zeiten haben die Menschen auf die Sterne geschaut. Im antiken Glauben stellten Gestirne die Götter dar. Für uns ist es Christus, der in diese Welt kam und uns am Ende in sein Reich holen wird.

Deshalb folgen wir heute einem Stern. Dieser Stern soll uns zu dem Ort führen, der für uns in der heutigen Zeit das Geschehnis der Menschwerdung zeigen soll.

Alle bekommen ein langes Streichholz. Eine Person entzündet es und gibt das Feuer weiter bis zur letzten Person. Diese entzündet damit das Licht im Stern.

Der Stern wird uns jetzt vorausgehen. Wir können das durchaus mit dem Stern von Bethlehem vergleichen. Als dieser aufging, begriffen das viele Leute nicht. Aber einige machten sich auf und gingen diesem Stern nach: die Hirten und dann auch die Leute aus dem Morgenland.

Der Sternträger geht voraus und verschwindet dann hinter Häusern oder einem Hügel.

2   Station: Nicht sehen

Wo ist unser Stern? Wo ist das Licht dieser Welt?

Nicht sehen und in Dunkelheit sein kann uns daran erinnern, dass auch wir manchmal das nicht sehen, was unserem Leben einen Sinn gibt. Oft genug sehen wir nicht das, was gerade wichtig und richtig wäre, sind mit Blindheit geschlagen.

Ich lade dazu ein, dieses Blindsein und das Nichtsehen göttlicher Spuren in uns dadurch zum Ausdruck zu bringen, dass wir die Augen schließen und eine Zeit lang das Dunkel und Blindsein spüren.

Ein Licht ist in diese Welt gekommen. Wir können dieses Licht suchen und finden. Wir haben allerdings alle schon oft erfahren, dass das Suchen von Glück und Lichtblicken recht mühsam sein kann. Wir können das damit zum Ausdruck bringen, dass wir bis zur nächsten Station einzeln gehen, in Distanz und einem Abstand von wenigstens fünf Metern. Ich gehe voraus.

Bald kann man wieder den Stern sehen, der nun in gebührendem Abstand vorausgetragen wird.

3 Station: Wir sind Stern

Auf einem größeren Platz stehen bleiben.
Wir haben den Stern eingeholt. Aber er steht noch abseits und ist noch nicht in unserer Mitte. Das ist oft so. Wir jagen den Sternen und Idealen nach. Wir glauben oft wie jetzt, dass wir nicht Irrlichtern gefolgt sind, aber den großen Glanz des Sterns von Bethlehem erreichen wir nicht ganz.

Ich möchte euch bitten, euch im Kreis aufzustellen. Mit der jeweils rechten Hand zeigen wir in die Mitte.
Wir suchen die Mitte und ein Ziel. Dabei übersehen wir oft, dass wir auf Menschen zeigen, die uns gegenüber stehen.

Ich schlage vor, dass wir zum Zeichen der eigenen Besinnung diese unsere rechte Hand auf die Brust legen. Das ist der Augenblick, bei dem der Sternträger in die Mitte unseres Kreises treten kann.
Wir drehen uns jetzt nach außen und strecken wieder die rechte Hand aus.
Jetzt bildet diese rechte Hand einen Strahl von einem Stern. Und in unserem Kreis ist der Stern.

Wir gehen jetzt weiter. Der Sternträger geht nicht mehr voraus, sondern inmitten unserer Reihen.

Vorschlagen dazu möchte ich, dass man sich immer zu zweit oder dritt zusammentut und sich gegenseitig erzählt, wo ich in der letzten Woche einen Stern, also etwas Ermutigendes oder Schönes erlebt habe.

Station: Du bist ein Stern
Treffpunkt im Meditationsraum.

Aktion
Bunte Sterne aus Pappkarton liegen aus. Darauf sind Sätze geschrieben, die von Sternen etwas erzählen. Diese sollen zunächst von allen in Ruhe gelesen werden.

Beispiele für Stern-Zitate:
Nach den Sternen kannst du greifen.

So klar wie ein Stern.

Ein Leben mit Wind, Sand und Sternen.

Ein Ideal ist wie ein Stern. Man kann ihn nie erreichen, aber sich an ihm orientieren. (nach Carl Schurz)

Ein Stern geht auf in dunkler Nacht.

Du bist wie ein Stern in der Nacht.

Jeden Tag eine Sternschnuppe.

Hol dir einen Stern vom Himmel.

Ein Stern im Aufgehen.

Überm Sternenzelt muss ein lieber Vater wohnen. (Friedrich Schiller)

Unter einem glücklichen Stern geboren.

Unter einem günstigen Stern stehen.

Sieh nach den Sternen!

Das steht in den Sternen.

Auf einem anderen Stern leben.

Weißt du, wieviel Sternlein stehen. (Wilhelm Hey)

Hell leuchten die Sterne am Himmel.

Stern von Bethlehem.

Die Sterne lügen nicht.

Die Zukunft liegt in den Sternen.

So hell wie ein Stern am Himmel.

Jedes Jahr ein Sternenjahr.
Morgenstern der finstren Nacht.
Wer zählt die Sterne und nennt sie beim Namen. (nach Ps 147,4)
Wenn die Sterne vom Himmel fallen.
Ein Stern übertrifft den anderen an Glanz. (nach 1 Kor 15,41)

Ein Licht ist in diese Welt gekommen. Wir wissen, dass das Licht in diese
Welt gekommen ist. Und darum sind jetzt alle eingeladen, dieses Licht zu
suchen und hoffentlich finden wir es auch.

Alle holen sich dann einen Stern, dessen Aufschrift sie mögen. Es wäre
schön, wenn alle ihr Stern-Zitat vorlesen würden und auch noch dazu
sagen würden, warum ihnen dieser Spruch so gut gefällt.

Abschluss
In der Mitte wird eine Kerze entzündet. Wer mag, holt sich ein Teelicht,
entzündet es an der Mitte und stellt es auf den vor sich liegenden Stern.
Weitere Teeleuchten können so gelegt werden, dass eine Verbindung von
außen zur Mitte entsteht: Ein Stern leuchtet!

→ Das Zitat zum Thema
Ideale sind wie Sterne; man kann sie nicht erreichen, aber man kann sich
nach ihnen orientieren.
(Carl Schurz)

ZEIT DER ELEMENTE

Erde

Zugang

Die Erde erscheint in der Mythologie oft als weibliche Gottheit, weil sie
Leben hervorbringt. Die Erde ist aber nicht nur der Schoß, sondern das
Grab, in das alles Lebendige zurückkehrt. Aus der Erde wächst das, was
wir zum Leben brauchen. Sie ist voller Leben: In einer Handvoll Erde wohnen so viele Kleinstlebewesen wie es Menschen auf dieser Erde gibt.

Anstoß

»Er sagte: Mit dem Reich Gottes ist es so, wie wenn ein Mann Samen auf
seinen Acker sät; dann schläft er und steht wieder auf, es wird Nacht und
wird Tag, der Samen keimt und wächst und der Mann weiß nicht, wie.
Die Erde bringt von selbst ihre Frucht, zuerst den Halm, dann die Ähre,
dann das volle Korn in der Ähre.« (Mk 4,26–28)

Wir erleben frische Erde

*Wenn es sich ermöglichen lässt, soll man zu einem frisch gepflügten Acker gehen.
Ansonsten kann man in eine große Schale gute Erde füllen und diese in die Mitte
stellen.*

Wir schauen die Erde: die Erdkrumen, die Farbe, die lockere Beschaffenheit.
✳
Wir befühlen die Erde: im Freien barfuß, ansonsten mit den Händen.
✳
Wir riechen die Erde: Was können wir darüber berichten?
✳
Wir schweigen vor dieser Erde und gehen dem ein wenig nach, was mit
und aus dieser Erde geschieht:
… Nur was in die Erde gelegt wird, kann wachsen und Frucht bringen.
… Früchte und Samen fallen wieder auf die Erde herab.
… Auch der Mensch kommt aus dem Stoff dieser Erde und fällt wieder in
    die Erde zurück.
… Die Erde muss bereitet werden. Der Landwirt pflügt den Boden um.
    Dabei werden verbliebene Pflanzenteile und Unkraut unter den Boden
    gebracht, die wieder Grundlage für Nahrung der neuen Saat sind.

… Es ist herrlich, barfuß über eine frische Ackererde zu gehen. Das ist der ideale Nährboden für den neuen Samen.

→ **Das Zitat zum Thema**

Es ist hoffnungsvoll, dass die ganze Erde so heißt, wie jedes Stück von ihr. (Elias Canetti)

Wasser

Zugang

Das Wasser ist ein archetypisches Sinnbild des Lebens; ohne Wasser ist Leben nicht möglich. Wasser steht auch stellvertretend für alles Flüssige und weil es in unaufhörlicher Bewegung ist, hat es eine dynamische Bedeutung. Es kann sich zudem rasch verflüchtigen und somit wird es auch mit dem Symbol des Unbeständigen, Vergänglichen und Trügerischen gesehen.

Der praktische und vielfach beanspruchte Wert besteht allerdings in seiner reinigenden Kraft.

Meditative Wasserspiele

Heute soll das Wasser im Mittelpunkt stehen. Wir haben dazu auch eine Schüssel voll Wasser in die Mitte gestellt. Das Wasser war schon immer ein wichtiges Element für das Leben, und wahrscheinlich wird es in Zukunft noch mehr an Bedeutung bekommen.

Vier Bedeutungen des Wassers werden hier spielerisch-meditativ hergeholt, damit wir einen lebendigen Bezug zu diesem wichtigen Lebenselement bekommen.

Kraft

1 Hintergrund

Dem Wasser wird Kraft zugesprochen. Wir möchten das hier in Kleinausgabe demonstrieren.

2 Spiel

Ein Mini-Wasserrad *(in Spielwarengeschäften erhältlich)* wird in eine große Schüssel gestellt und dann können alle sehen, wie das Wasser etwas in Bewegung bringt.

Wir denken aber auch an die Macht der Meereswellen, an eine Sturmflut und an reißende Flüsse.

3 Bekenntnis

Nicht das Wasser selbst hat die Kraft! Die dahinter stehende Kraft sind Magnetfelder und noch ganz andere Kräfte, die es auf dieser Erde gibt.

Auch das Hohelied der Liebe spricht diese Sprache: »Auch mächtige Wasser können die Liebe nicht löschen, und Ströme schwemmen sie nicht weg«. (Hld 8,7)

Ton

1 Hintergrund

Wir kennen viele Töne, die das Wasser hervorbringt: Rauschen, murmeln, plätschern, ans Fenster peitschen ...

2 Spiel

Mehrere Trinkgläser bzw. Glasbehälter sind unterschiedlich hoch mit Wasser gefüllt, und mehrere probieren zu gleicher Zeit, daraus Töne zu entwickeln: den Zeigefinger befeuchten und dann am Glasrand langsam entlangfahren.

Vorheriges Üben ist anzuraten. Geübte können sogar eine kleine Melodie bringen.

3 Bekenntnis

Nicht das Wasser erzeugt die Töne. Diese entstehen durch die Reibung zwischen dem Finger und dem Glasrand.

Im übertragenen Sinne könnten wir dazu sagen: Wo Durst ist, da ist das Schreien nicht zu überhören: Oder wie es im Psalm 42 heißt: »Wie der Hirsch lechzt nach frischem Wasser, so lechzt meine Seele, Gott, nach dir.« (Ps 42,2)

Reinigen

1 Hintergrund

Wasser ist auch ein Symbol für die körperliche, seelische und geistige Reinigung. Zudem sagt eine Volksweisheit: Fließt das Wasser über sieben Stein, ist es wieder rein.

2 Spiel

Ein schmutziges Tuch wird im Wasser gereinigt. Oder auch Hände und dergleichen. Oder alle waschen sich gegenseitig die Hände oder Füße.

3 Bekenntnis

Mit Wasser kann man etwas reinigen. Aber nicht das Wasser reinigt selbstständig. Es sind die Bedingungen und der Wille eines Tieres oder Menschen, der eine Reinigung vollzieht.

Jesus sagte: »Wenn nun ich, der Herr und Meister, euch die Füße gewaschen habe, dann müsst auch ihr einander die Füße waschen.« (Joh 13,14)

Verwandlung

1 Hintergrund

Das Wasser kann auch ein Symbol des Unbeständigen sein. Wir kennen es in flüssiger, fester und gasförmiger Form. Aber es gibt noch Varianten, z.B. als Eisblumen am Fenster.

2 Spiel

Auf eine Glasplatte hauchen, Eiswürfel vom Kühlschrank holen u.ä.

3 Bekenntnis

Nicht das Wasser hat die Kraft der Verwandlung. Es sind die Verhältnisse und Temperaturen, die dem Wasser ein anderes Aussehen geben.

Als Jesus Wasser in Wein verwandelte (Joh 2,7), hatte er damit die Verwandlung der Herzen im Sinn.

Leben

1 Hintergrund

Kein lebendes Wesen kann ohne Wasser auskommen. Daher spricht man auch von der Lebenskraft des Wassers und im biblischen Sinne von lebendigem Wasser.

2 Spiel

Sprudelnde Wassersäule zeigen; eine wässrige Frucht aufschneiden und den Saft herauspressen; alle werden mit Wasser besprengt.

3 Bekenntnis

Nicht das Wasser selbst ist lebendig, sondern Kräfte von außen machen es lebendig.

Die »Ströme lebendigen Wassers« bei Johannes 7,38 stehen für das Symbol Wort, den Heiligen Geist und Christus selbst.

Abschluss

Schalen mit Wasser stehen bereit. In diese können nun alle eine kleine Schwimmkerze legen und sie anzünden. So wird das Lebenselement Feuer in das Lebenselement Wasser getaucht.

→ Das Zitat zum Thema

In jedem Wassertropfen ist Wasser. In jedem Strahl ist Licht. In jedem Funken ist Feuer. So ist auch in jedem Geschöpf der Schöpfer.
(aus Indien)

Felsen

Zugang

Ein Felsen ist das Symbol der Festigkeit und Unveränderlichkeit. In der Bibel wird der Felsen zudem als ein Symbol der Stärke und Treue des schützenden Gottes gesehen. Im negativen Sinne ist der Felsen ein Hinweis auf eine innere Verhärtung und Erstarrung.

Je gewaltiger und sonderbarer bestimmte Steine oder Felsen wirken, desto größer ist der Eindruck, den sie auf den naturnahen Menschen ausüben.

Wir erklimmen einen Felsen.

Das kann ein großer Stein in der Nähe sein, ein Steinbrocken an der Meeresbrandung oder ein Felsen auf einem hohen Berg.

Weil wir uns das vorgenommen haben, werden wir uns schon auf dem Weg dorthin darauf einstimmen. Zum Beispiel bei Zwischenstationen kurze Gedanken einstreuen oder vorlesen:

- Eine feste Burg ist unser Gott. (Anfang eines evangelischen Kirchenliedes)
- Wer diese meine Worte hört und danach handelt, ist wie ein kluger Mann, der sein Haus auf Fels baute. (Mt 7,24)
- Sei mir ein schützender Fels, eine feste Burg, die mich rettet. (Ps 31,3)
- Geh zum Fels und sage: Quell, Quell, Quell, denn wir haben Durst. (Effata 1, Nr. 203)
- Er stellt meine Füße auf den Fels. (Ps 40,3)

Wir spüren den Felsen.

Nachdem wir einen Felsen erreicht und diesen eingehend erkundet haben, setzen wir uns auf diesen Felsen und schließen die Augen.

- Nicht auf irgendeinem Flecken auf dieser Erde sitze ich, sondern auf einem Felsen, den ich vorher genau gesehen habe.
- Dieser Felsen trägt mich. Er wird nicht auseinanderbrechen, obwohl an seinem Fuße die Brandung schlägt. Auf einen solchen Felsen könnten wir getrost ein Wochenendhaus bauen und nachts ruhig darin schlafen.
- Trotzdem bin ich auf den meisten Felsen Gefahren ausgesetzt. Je höher

man steigt, desto größer ist der Fall. Und wie leicht kann man aus Unvorsichtigkeit von einem Felsen stürzen! Doch in einem Psalmvers wird uns Mut und Zuversicht zugesprochen: »Er stellte meine Füße auf den Fels«. (Ps 40,3)

– Wer mag, kann in Gedanken Vergleiche ziehen: Wo mag ich lieber sein und wo fühle ich mich wohler: auf dem Dach eines Hauses oder auf einem Felsen wie diesen?

Wir öffnen die Augen und greifen mit den Händen an den Felsen.
Dieser Felsen ist einer unter vielen auf dieser Erde. Felsen bilden den Untergrund für die Wiesen und Felder, Wälder und Meere. Es ist die Erde, die uns trägt und ernährt.

✳

Einmal war ich von etwas »felsenfest« überzeugt. Dann kam es anders. Was ist dann noch das, was ich Felsen nenne? Wo sind meine Felsen, auf denen ich meine Ziele und mein Glück aufzubauen versuche?

✳

Bei Jeremia steht: »Ist nicht mein Wort wie Feuer – Spruch des Herrn – und wie ein Hammer, der Felsen zerschmettert? (Jer 23,29)

Mir kommt dabei in den Sinn, dass Felsbrocken vom Berg fallen, dann zerschmettern und mit der Zeit verwittern. Später wachsen daraus Weizen und Blumen.

→ **Das Zitat zum Thema**
Wie ein Fels in der Brandung ist der, der in sich selbst ruht.
(zitiert nach Mt 7,24)

Luft

Zugang

Alles um uns herum ist ausgefüllt von Luft. Das nehmen wir ganz selbstverständlich und wir wissen auch allzu gut, dass wir ohne diese Luft nicht leben könnten. Die Luft lässt sich auch nicht sehen oder greifen. Aber wir können sie spüren, wenn ein Wind geht oder wenn wir beispielsweise auf unsere Handoberfläche blasen.

Luft ist Atem und kann uns darüber hinaus auch Sinnbild für den Geist Gottes sein.

Meditative Spiele mit der Luft

Ein Luftballon wird aufgeblasen.

Ich habe soeben Luft in diesen kleinen durchsichtigen Ballon geblasen und wir können uns nun besser diese Einheit Luft darin vorstellen und sie auch betrachten.

✳

Ich bin dabei schon etwas in Atemnot gekommen. Das erinnert mich daran, dass ich nur ganz kurze Zeit ohne Atem, ohne Luft leben und bestehen kann.

✳

Hätte ich Helium in diesen Ballon gefüllt, dann könnte er fliegen. Dazu fällt mir ein, dass mich Helium durch Einatmung in leichten Rauschzustand versetzen könnte. Helium ist trotzdem giftfrei und nicht entzündbar. Das erinnert mich aber daran, dass die Luft auf unseren Erde immer mehr mit Schadstoffen angereichert wird.

✳

Diese im Ballon eingefangene Luft eignet sich wunderbar zum Spielen *(den Luftballon in der Luft wirbeln lassen)*. Das erinnert mich daran, dass uns Luft auch Freude machen kann. Wie sehr genießen wir beispielsweise eine frische Brise bei sengender Hitze oder den bunten Blätterwirbel im Herbst.

✳

Luft kann man auch hören! Beispielsweise beim Atmen oder bei einem Sturm. Oder wenn Luft aus diesem Ballen austritt. (Luftballonhals auseinander ziehen oder unverknotet einfach loslassen.) Das erinnert mich daran, dass Luft mehr ist als ein lebloses Element.

1 Zettel mit Aufschrift »Was ich in Luft auflösen möchte« verbrennen. Feuer tilgt – Schuld verfliegt. Die daraus gewonnen Wärme steigt nach oben.

2 Wenn ich einen mit Helium gefüllten Luftballon loslasse, dann zieht er rasch nach oben. Er muss nicht unbedingt senkrecht nach oben steigen und nicht zielgerichtet in eine Richtung. Er fliegt wohin er will.

Wird an einen Luftballon eine Botschaft geheftet, kann diese überall ankommen.

Das ist vergleichbar mit dem Geist Gottes, der bei jedem Menschen ankommen kann.

Wer mag, kann eine Botschaft schreiben oder das, was einem ganz wichtig ist. Diesen Zettel an einen Luftballon hängen und den Lüften preisgeben.

3 Wir können einen Luftballon loslassen und zuschauen, wie er in die weiten Höhen flieht. Wir können uns das aber auch noch anders vorstellen. Zum Beispiel: Wir steigen jetzt in Gedanken in einen Freiluftballon ein. Vorher denken wir nach, was wir alles hier auf der Erde lassen wollen. Vielleicht besonders das, was uns bedrückt und Ballast ist. Dann zieht es den Ballon hoch und wir mit ihm. Die Erdlastigkeit fällt. Bald sind wir über den Dächern dieses Ortes und es dauert nicht lange, bis wir diese unsere Gegend wie einen bunten Fleckerlteppich sehen können. Wir sehen auch die Häuser, unsere Kirche und die Menschen auf dem Vorplatz aus der Vogelperspektive.

4 Ganz klein und winzig sieht alles aus. Auch das, was wir an Problemen und in Gedanken auf der Erde zurückgelassen haben. Das kann uns zum Sinnbild dafür sein, dass unsere Schuld zurückbleibt, wenn wir uns erheben.

Wir Menschen alle, wir Anspruchsvollen, wir mit Sehnsucht, mit der Dimension zu viel, könnten gar nicht leben, wenn es nicht außer der Luft dieser Welt auch noch eine andere Luft zu atmen gäbe, wenn nicht außer der Zeit auch noch die Ewigkeit bestünde.

(Hermann Hesse)

Glut

Zugang

Wenn das Holz abgebrannt ist, bleibt die Glut bis zum völligen Erlöschen des Feuers. Dieser »glühende Brennstoff« ist nicht mehr aktiv im Sinne von Verbrennung, aber wenn dann wieder weitere Holzscheite zugelegt werden, entfacht sich das Feuer neu.

Meditation nach dem Lagerfeuer

Diese (wahrscheinlich) mitternächtliche »Glutmeditation« sollte angekündigt werden, damit sich alle darauf einstellen können. Wenn das Feuer abgebrannt ist, soll nichts Brennbares mehr nachgelegt werden, damit der Gluthaufen deutlich wird.

Alle sitzen im Kreis um die Glut herum und langsam wird oder soll Ruhe einkehren. Wenn notwendig, soll der Hinweis kommen, nun die Stille und das leise Knistern des abklingenden Feuers aufzunehmen.

✳

Als es noch keine Streichhölzer gab und das Feuermachen noch einige Schwierigkeiten bereitete, mussten besondere Leute in königlichen Höfen darüber wachen, dass das Feuer bzw. die Glut nicht erlosch. Mit dieser Glut wartete man, bis der neue Tag kam und dann wurde daraus wieder ein Feuer entfacht.

Glut ist also sozusagen in Wartestellung, nicht aktiv und greift nicht an. Über der Glut könnten wir jetzt Fleisch braten, Feuer dagegen würde das Fleisch verbrennen.

✳

Wir streuen jetzt auf die Glut wohlriechende Harze und Kräuter. Auch diese werden nicht verbrennen. Die Glut verascht diese nur und dadurch werden die Duftstoffe frei.

✳

Glut kommt von Glühen. Auch Menschen glühen manchmal voll Freude. Oder wenn jemand in Eifer erglüht, ein starkes Gefühl aufkommt oder jemand in Liebe erglüht ist. Auch wenn ich stark überhitzt oder im Sommer 5000 Meter gelaufen bin, dann glüht es in mir.

✳

Aus dem Hohen Lied der Liebe:
»Stark wie der Tod ist die Liebe, die Leidenschaft ist hart wie die Unterwelt. Ihre Gluten sind Feuergluten, gewaltige Flammen.« (Hld 8,6)

→ **Das Zitat zum Thema**

Glut in Wasser gesunken wird Glanz in spiegelnder Flut.
(Gregor Linßen)

ZEIT DER STANDPUNKTE

Fallschirm

Zugang

Der Fallschirm ist eine Vorrichtung aus Stoffbahnen zum Niederlassen von Personen oder Gegenständen aus Luftfahrzeugen. Nicht wenige Menschen träumen von einem sicheren Herabgleiten aus großer Höhe und erhoffen oder erfahren dabei den »großen Kick«.

Hinführung

»Über den Wolken muss die Freiheit wohl grenzenlos sein!« Mit diesem Lied fasziniert Reinhard Mey viele Menschen. Einmal ohne Lärm und Hetze über oder auch unter den Wolken dem Boden, der Erde entrückt zu sein mit der Gewissheit, frei und ungezwungen zu schweben und dann auch wieder sicher den Boden zu erreichen.

Manchmal erleben wir aber auch, keinen Boden mehr unter den Füßen zu spüren. Irgendwie hängen wir in irgendeiner Sache. Schwindelgefühle schleichen sich ein und dann kommt uns auch in den Sinn, ob nicht alles davor einfach nur Schwindel war.

Getragen werden: eine meditative Werkaktion

Es liegen farbige Blätter in einer Größe von 10 x 10 Zentimeter bereit. Dreimal falten und dann die offene spitze Ecke rund beschneiden.

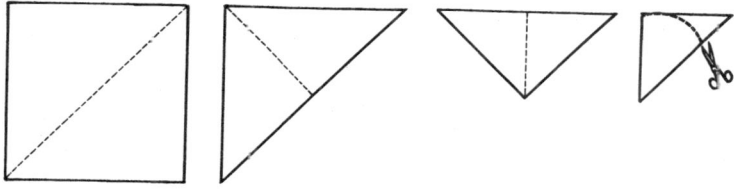

1 Alle haben nun vor sich einen (noch zusammengelegten) Fallschirm in der Hand.

– Ich denke an Situationen in meinem Leben, bei denen ich wie von einem Fallschirm getragen werde.

– Es ist schön, getragen zu werden, manchmal auch hoch über der Erde oder sogar über den Wolken.

– Ich hänge an einem Fallschirm und bin somit auf ihn angewiesen oder irgendwie ab-hängig. Stoff und Seile sind meine Hoffnung. Ob sie zuverlässig sind?

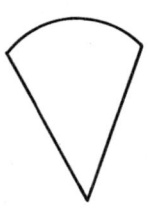

2 Das Papier bzw. der Fallschirm wird geöffnet. Es zeigt nun ein Herz.

– Ein Herz. Und dieses steht für Liebe und Zuneigung, für Vertrauen und Treue.

– Oder auch so gesehen: Es sind zwei Fall-schirme. Man könnte auch sagen, gemeinsam sind wir stark.

– Ich bin froh, dass es Menschen gibt, die mir gute Freundinnen oder Freunde sind und ein gutes Herz haben.

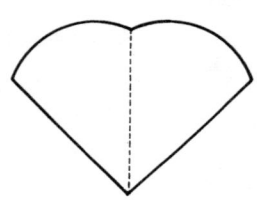

3 Nun nehmen wir eine weitere Öffnung vor.

– Wir können nun erahnen, wie sich der Fallschirm mit Luft füllt und uns sicher tragen kann.

– Das erinnert uns daran, dass sich der Fallschirm öffnet und nach dem anfänglich freien Fall auf fünf Meter in der Sekunde verlangsamt.

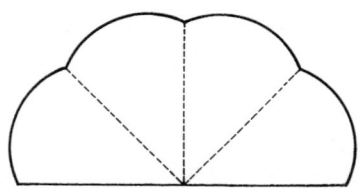

4 Das Blatt wird ganz entfaltet.

– Es ist, als würden wir am Fallschirm hängen und nach oben schauen.

– Wir können jetzt alles im Zusam-menhang sehen: den Fallschirm als tragendes Element, das Herz als einen Hinweis auf gute Partnerschaften und den Fallschirm von der Seite und von unten mit dem Gedanken am Spaß beim lautlosen Flug.

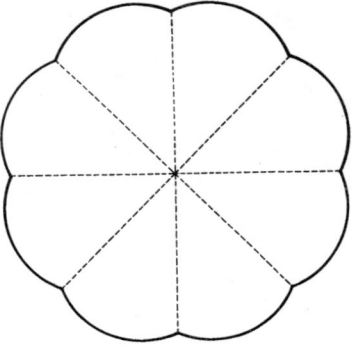

Manchmal lebe ich in dem Gefühl,
als würde ich zwischen Himmel und Erde schweben.
So wie die Erde und auch alle anderen Planeten,
so bewege ich mich zwischen den Anziehungskräften
der Mutter Erde und unserem Vater im Himmel.

Lass mich, Gott, an diesem Fallschirm hängen,
getragen von Menschen, die auf mich zählen.
Eingebettet in das Azurblau deines weiten Himmels
und der licht- und lebensspendenden Sonne.
Halte mich im Seidenschirm deines Atems!

Ich lasse mich fallen in der Gewissheit,
dass das Leben und deine Liebe mich tragen.
Dass der Fallschirm sich entfaltet und auch
deine Arme, wenn der Schatten der Häuser
mich zurück auf den Boden dieser Erde bringt.

→ **Das Zitat zum Thema**
Glauben ist das unbedenkliche Springen in den unbekannten Abgrund
in der festen Überzeugung, dabei in Gottes Armen zu enden.
(Peter Wust)

Wurzel

Zugang

Wir wissen um die Bedeutung einer Wurzel im Pflanzenbereich: Sie verankert die Pflanze oder den Baum im Boden und versorgt sie mit Nährstoffen. Im übertragenen Sinne sprechen wir auch von unseren Wurzeln und wir meinen damit Herkunft, Erziehung und Tradition. Im biblischen Sinne gilt die »Wurzel Jesse« als der Stammbaum Jesu, hervorgehend aus der Familie Isai, des Vaters Davids.

Wurzel – Erfahrungen

Ein Zweig wird in ein Wasserglas gesteckt. Nach einigen Wochen treibt er Wurzeln. Geeignet sind: Salweide, Schwarzerle, Engelstrompete, Zyperngras (umgestülpt in ein Wasserglas geben) und andere.

Wir können augenscheinlich wahrnehmen, wie aus einem abgeschnittenen und tot wirkenden Zweig wieder Wurzeln treiben. Das gibt uns den Hinweis: Nicht alles, was der Erde entzogen ist oder tot erscheint, ist verloren oder ohne Leben.

✳

Der Wurzelstock eines kleinen Baumes wird in die Mitte gestellt und zwar so, dass die Wurzeln nach oben zeigen.

Wir können nun einen Wurzelstock betrachten. Er trug einmal einen Baum. Die bizarren Verzweigungen gaben ihm im Untergrund nicht nur einen festen Stand, sie holten auch Wasser und Nahrung aus dem Boden.

✳

Auch unser Leben ist wie ein Baum, dessen Wurzeln uns tragen und das geben, was wir zum Leben brauchen. Auch unser Bewusstsein wird genährt von einer Wurzel, die jenseits von Nahrungsaufnahme ist.

Zum Zeichen dafür stecken wir Lichter an oder auf die Wurzelspitzen.

✳

Jesaja gibt dem Volk neue Hoffnung: »Doch aus dem Baumstumpf Isais wächst ein Reis hervor, ein junger Trieb aus seinen Wurzeln bringt Frucht. Der Geist des Herrn lässt sich nieder auf ihm.« (Jes 11,1f)

✳

Die Erfahrung der Hoffnungslosigkeit machen auch wir allzu oft: Wir glauben, dass nichts mehr weitergeht, was kaputt gemacht wurde und für immer verloren ist. Aber dann treibt eine wie tot scheinende Wurzel wieder neu aus. Die Wurzeln aus unserem Glauben bringen ein neues Grün hervor.

✳

Symbolisch wollen wir nun das nachvollziehen, was aus den Wurzeln unseres Lebens erwachsen kann und was wir immer wieder erhoffen können. Wir haben grüne (blühende) Zweige und Drahtstücke bereitgelegt. Es besteht die Möglichkeit, dass man einen Zweig an die nach oben ausgestreckten Wurzelteile dazuheftet. Wer mag, kann dabei auch seinen Wunsch aussprechen.

Alternative
Ingwerwurzeln liegen bereit. Mit Filzschreiber können Hoffnungen und Wünsche aufgeschrieben werden. Diese (wie tot scheinende) Wurzel soll dann in Erde gelegt werden und nach einiger Zeit kann der neue Spross gesehen werden.

→ **Das Zitat zum Thema**

Solange die Kinder klein sind, gib ihnen tiefe Wurzeln, wenn sie älter geworden sind, gib ihnen Flügel.

(aus Indien)

Nüsse

Zugang

Besonders in der Vorweihnachtszeit haben Nüsse eine besondere Bedeutung. Sie wurden auch deswegen zu einem besonderen Symbol, weil sie in der Zeit ohne Feld- und Gartenfrüchte für eine stabile Nahrungsversorgung wichtig waren.

In der christlichen Praxis wurde die grüne Hülle der Nuss oft als das Fleisch des Menschen gesehen, die harte Schale als die Knochen und im süßen Kern die Seele.

Spielszene

Eine Nuss liegt auf einem Holzklotz

Person 1 *will diese mit einem Hammer zerschlagen.*

Person 2: Was soll das? Bist du wahnsinnig? Mit einem großen Hammer eine kleine Nuss zerschlagen!

Person 1: Erstens macht das Spaß. Und außerdem will ich den harten Kern knacken.

Person 2: Deswegen musst du aber nicht so sinnlos dreinschlagen!

Person 1: Warum nicht? Das ganze Leben ist auf Zerstörung ausgerichtet!

Person 3: Samen und Früchte dieser Erde sollen uns zur Nahrung dienen. Aber sie werden in Monokulturen heran- und hochgezüchtet; sie werden gespritzt und begast, bestrahlt und noch sonst wie behandelt.

Person 4: Die Zerstörung der Wälder und der Ozonschicht scheint nicht gestoppt werden zu können. Felder, Wiesen und Gärten sind der chemischen Keule ausgeliefert.

Person 3: Unsere Landschaften werden immer mehr zubetoniert. Hochleistung und Gewinn stehen im Vordergrund.

Person 4: Die Fernsehprogramme sind geprägt von Gewalt und Zerstörung. Wer redet schon von Liebe und Vertrauen, vom Miteinander und...

Person 3: ... von einer Nuss, einem Samen, der ein neues Leben bringen kann?

Person 1: Ich möchte diesen Samenkern haben. Ich möchte ihn sehen und befühlen. Kannst du die Schale so öffnen, dass der Samenkern nicht zerstört wird?

An alle wird eine Nuss ausgegeben.

Überleben

Ich halte eine Nuss in meiner Hand. Sie trägt eine stabile Schale, damit der Samenkern im Innern den Winter überdauern kann.

✳

Kein Frost und auch Nässe können dem Keimling etwas anhaben.

✳

Eine dicke Schale versperrt den Weg nach draußen, verhindert den frühzeitigen, tödlichen Aufbruch.

✳

Der Kern im Innern trägt alle Voraussetzungen, um einmal ein großer und mächtiger Baum zu werden.

✳

Wenn es an der Zeit ist, entwickelt dieser unscheinbare Kern eine Sprengkraft ungeahnter Größe. Der Spross findet den Spalt, treibt zielstrebig nach Licht und Nahrung.

Aufbrechen

Aufbrechen zum neuen Leben!
Zum Leben und nicht für Zerstörung!
Aufbrechen, wenn es Zeit ist,
aus Finsternis und Trägheit,
von der Kälte zum Strahl der Sonne!

Aufbrechen, was verkrustet ist,
und wenn jemand nach Hilfe schreit.
Das Schweigen brechen,
wenn Unrecht verbrochen wird
und dabei nichts übers Knie brechen.

Aufbrechen aus der Resignation:
wenn andere schon aufgeben.
Aufbrechen zum ersten Schritt,
dem Erfolg eine Chance geben,
dem Keimling Licht und Nahrung bringen!

→ **Das Zitat zum Thema**

Derjenige bringt Unglück über sein Land, der niemals ein Samenkorn sät, einen Grundstein legt oder ein Gewand webt, sich jedoch von der Politik in Besitz nehmen lässt.
(Khalil Gibran)

Schatten

Zugang

Wo Licht ist, ist auch Schatten. Im Schatten eines Baumes zu stehen kann bei sengender Hitze eine Wohltat sein. Die gegensätzliche Erfahrung zeigt sich, wenn jemand ein Schattendasein führt oder auf der Schattenseite des Lebens steht.

Somit ist der Schatten sowohl ein Symbol des Schutzes als auch ein Symbol der Finsternis und des Todes.

Kleines Schattenspiel

Der Raum ist dunkel, eine weiße Fläche wird angestrahlt. Jemand projiziert darauf Schattengebilde (Hände oder Personen kreuzen die Lichtquelle und bringen einige pantomimische Bewegungen).

Schattendasein

Szene 1

Eine Person bleibt im Lichtkegel stehen. Der Schatten wird an der weißen Fläche sichtbar. Folgende oder ähnliche Aussagen werden eingebracht:

- Manchmal führe ich ein Schattendasein. Ich bin nicht ich selbst, sondern nur der Schatten von dem, was ich sein könnte.
- Manchmal fühle ich mich so, als wäre ich auf der Schattenseite des Lebens: allein, einsam, nicht akzeptiert, erfolglos.
- Manchmal fühle ich mich beschattet und gegängelt: von Mitmenschen, in der Schule oder Arbeitsstelle, von bundesverantwortlichen Einrichtungen.
- Manchmal bringe ich Schatten, weil ich anderen das Licht wegnehme.
- Manchmal fordert mich meine Mitwelt auf, über meinen eigenen Schatten zu springen. Ich habe das schon probiert, aber es geht nicht.

– Licht aus. –

Szene 2

Eine andere Person wird angestrahlt. Sie trägt einen Sonnenschirm.

- Wie ein Baum will ich Schatten geben, wenn Menschen unter Hetze und Hitze leiden.
- Wie ein schützendes Haus will ich sein, wenn Menschen Schutz und Hilfe brauchen.
- Wie ein Sonnenschirm will ich da sein und mithelfen, damit schädliche Strahlen und Hautkrebs sich nicht noch mehr ausbreiten.
- Wie ein Sonnendach will ich sein, wenn es Zeit ist für Ruhe und Erholung.
- Wie ein Sonnengeflecht will ich sein, wenn Menschen eine Mitte suchen.
- *Licht aus.* –

Szene 3

Beide Personen stellen sich zusammen. Sie werden von einer Lichtquelle von oben bestrahlt (oder sich unter eine Deckenleuchte stellen und andere Lichtquellen ausschalten).

So bleiben sie einige Zeit schweigend stehen.

Sprecher:

- Der Schatten ist ein Symbol für die schützende Gegenwart Gottes.
- Das Licht von oben lässt die Schatten schwinden.
- Wer im Schutz des Höchsten wohnt und ruht im Schatten des Allmächtigen, der sagt zum Herrn: »Du bist für mich Zuflucht und Burg, mein Gott, dem ich vertraue«. (Ps 91,1)

→ **Das Zitat zum Thema**

Bäume werfen Schatten. Betonwände halten nur die Sonne ab.

(Werner Mitsch)

Punkt

Zugang

Der Punkt meint nicht nur das Schlusszeichen eines Satzes. So will man zum Beispiel mit der Redewendung »...auf den Punkt gebracht« die Hauptsache und den Kernpunkt einer Sache benennen. Oder: Im geometrischen Sinne spielt jener Punkt eine Rolle, der die winzige Schnittstelle zweier Linien meint.

Man stelle sich einen tonnenschweren Stein auf einem Felsvorsprung vor, der jeden Augenblick abzustürzen droht. Es kann der Punkt erreicht sein, dass durch den Flügelschlag eines Schmetterlings dieser aus dem Gleichgewicht gebracht werden kann.

Im Mittelpunkt

Es ist nicht einfach, das in meinem Leben zu benennen, worauf es mir wirklich ankommt oder mein Dasein auf den Punkt zu bringen. Dabei muss ich wahrscheinlich aus vielen wichtigen Dingen auswählen und auch den Mut haben, aus mehreren nur eines zu nehmen.

Es soll genügend Zeit zur Verfügung stehen, damit alle gut für sich in einen Satz überlegen können, der ihr Leben ausmacht und worauf es ihnen letztlich ankommt. Damit das für andere auch verständlich ist, sollen alle einen ganzen Satz formulieren. Am besten jeweils mit großer Schrift auf ein großes Blatt Papier schreiben. Möglich ist es auch, dass (besonders für jene, die sich damit schwer tun) einige Aussagen als Vorlagen vorliegen.

Zum Beispiel:

Lieben und geliebt zu werden.
Ein Leben wie im Paradies.
Ein erfülltes Leben.
Viele gute Freunde haben.
Leben und leben lassen.
Verbundenheit mit Gott.
Nie die Hoffnung aufgeben.

Ehrlichkeit und Treue.
Gesundheit bis ins hohe Alter.
Das Ziel ist Selbstentfaltung.
Frieden in mir.
Eine gute Heimat finden.
Lust auf Leben.
Freiheit und Gerechtigkeit.
Arbeit mit Spaß.
Das Glück der kommenden Welt.
In guter Gemeinschaft leben.
Das Schöne im Kleinen sehen.
Glückliche und gesunde Familie.
Für andere da sein.
Erfolg in Beruf und Gesellschaft.
Reich und angesehen sein.
Dem Sinn des Lebens auf die Spur kommen.
Ein wenig die Welt verändern.

Der springende Punkt

Alle legen ihre Zettel aus oder heften diese an die Pinnwand.
Dann erhalten alle Markierungspunkte (z.B. »Zweckform« Nr. 3013 – in Schreib-
warengeschäften erhältlich) und zwar fünf in rot, fünf in blau und fünf in gelb.
Die Aufgabe lautet: Klebe die fünf roten Punkte zu jenen Aussagen, denen
du einen sehr hohen Stellenwert einräumst. Die fünf blauen sollen zu den
Aussagen geklebt werden, denen du eine zweitrangige und die gelben,
denen du eine drittrangige Stelle einräumst. Dabei können für eine Aussage auch mehrere Punkte vergeben werden.

Einen Punkt machen

Für alle ist nun auf die Schnelle sichtbar, welche Aussagen den höchsten Stellen-
wert bekommen haben.
Bei Auswertungsgesprächen kann es dann schon vorkommen, dass für
jemanden ein »wunder oder ein schwacher Punkt« deutlich wird. Aber es
soll nicht gewertet und nichts zerredet werden.

Und: Bevor der »tote Punkt« kommt, soll man »einen Punkt machen«, das heißt, die Sache einfach so stehen lassen, denn die Punkte wirken sicher noch vielfältig nach.

→ **Das Zitat zum Thema**

Jeder geliebte Gegenstand ist der Mittelpunkt eines Paradieses. (Novalis)

ZEIT ZUM LEBEN

Waage

Zugang

Zu den größten Wünschen der meisten Menschen gehört die Gerechtigkeit im Leben und über den Tod hinaus. Die Waage war schon immer ein Symbol des maßvollen Gleichgewichtes, der Gerechtigkeit und des Richtens. Bekannt ist die »Justitia«, eine Frau mit verbundenen Augen und einer Balkenwaage in der Hand.

Im Lebensalltag und auch im digitalen Zeitalter ist die Waage unerlässlich zum Feststellen des Gewichts von Waren, Gegenständen und Lebewesen.

1. Anspiel

Über eine größere und stabile Kartonrolle wird ein Brett gelegt. Auf der einen Seite wird ein Stein aufgelegt und auf der anderen eine Barbie-Puppe. Der Stein wird das Brett auf der einen Seite nach unten drücken.

✳

Was ist mehr wert: der Mensch oder ein Stein? Der Fortschritt oder das Leben der Menschen? Die Liebe oder der Hass?

Unsere Erfahrungen sprechen eine deutliche Sprache.

– Wenn irgendwo gespart werden muss, dann wird zuerst bei den sozial schwachen Menschen angesetzt.

– Wenn ein Betrieb rationalisieren muss, wer denkt da schon an das Schicksal der Menschen mit ihren Familien, die in der Folge dann arbeitslos werden?

– Der Mensch ist immer dann wenig wert, wenn jemand mit 70 km/h durch eine Ortschaft fährt oder wenn vorhandenes Geld vorwiegend für den unnötigen Luxus oder ein Gewinnspiel ausgegeben wird.

✳

Antwort

Zu den Steinen hat einer gesagt: Seid menschlich.
Die Steine haben gesagt: Wir sind noch nicht hart genug.
(Erich Fried)

2. Matthäus 7,9

»Oder ist einer unter euch, der seinem Sohn einen Stein gibt, wenn er um

Brot bittet, oder eine Schlange, wenn er um einen Fisch bittet? Wenn nun schon ihr, die ihr böse seid, euren Kindern gebt, was gut ist, wie viel mehr wird euer Vater im Himmel denen Gutes geben, die ihn bitten.«

3. Gegen – Probe

Auf die Balkenwaage wird auf der einen Seite ein Rose aufgelegt und auf der anderen ein Geldschein.

✳

Es ist nicht wahr, dass ein Geldschein mehr wiegt als ein Mensch! Der Mensch ist mehr wert als Besitz und Geld, als Gold und Luxus!

... Ein Gespräch ist mehr wert als eine großzügige Geldzuwendung!

... Ein persönlicher Anruf ist mehr wert als eine SMS-Nachricht!

... Jogging ist mehr wert als »Fernseh-Sport«!

... Ein gesunder Familienbetrieb ist mehr wert als ein Großkonzern!

... Ein Salatkopf aus dem eigenen Garten ist mehr wert als der eingeflogene aus einem südlichen Land!

... Ein gutes Betriebsklima ist mehr wert als die Karriereleiter!

... Ein Besuch ist mehr wert als ein Brief!

... Eine Stunde Zeit ist mehr wert als ein neues Computerspiel!

Ein Denkspiel zum Ausklang

Es liegen neun Kugeln bereit. Alle haben dasselbe Gewicht, nur eine ist schwerer. Mit nur zwei Wiegevorgängen (Balkenwaage) soll die etwas schwerere Kugel gefunden werden.

Lösung

Beim ersten Wiegevorgang wiege ich sechs beliebige Kugeln mit je drei auf jeder Seite. Überwiegt eine Seite, so nehme ich zwei beliebige von dieser Seite. Haben bei diesem zweiten Wiegevorgang beide dasselbe Gewicht, so muss es die dritte sein. Ebenso verfahre ich mit den restlichen drei Kugeln, wenn die schwerere Kugel beim ersten Wiegevorgang nicht dabei ist.

→ Das Zitat zum Thema

Ein Geschenk ist genauso viel wert wie die Liebe, mit der es ausgesucht worden ist.

(Thyde Monnier)

Schein

Zugang

Es gibt viele Scheine: Bescheinigungen für viele Dinge, den Geld-Schein und auch den Schein, der trügt. Manche Scheine können lebenswichtig sein und nicht wenige sind bei näherem Hinsehen mehr oder weniger nur ein Trugbild. Doch hinter den meisten Scheinen ist ein Schimmer von Hoffnung zu spüren.

Scheine für das Leben

Heute gibt es Scheine! Von keiner Behörde oder Institution ausgestellt, sondern von uns selbst.

Du kannst selbst wählen. Wir haben verschiedenen Scheine vorbereitet, die aber noch nicht ausgefüllt sind. Du kannst dir einen Schein auswählen und diesen dann selbst ausfüllen.

Dieser Schein kann aber nicht sogleich eingelöst werden. Frühestens nach einem Jahr und spätestens nach fünfzig Jahren. Was du auf diesen Schein schreibst, ist dir ganz selbst überlassen und er verbleibt auch ganz allein bei dir zur weiteren Aufbewahrung.

Es stehen folgende (verschiedenfarbige) Scheine zur Verfügung:

- Berechtigungsschein

  Wer diesen Schein nimmt, kann darin eintragen, zu was er oder sie in der nächsten Zeit berechtigt sein will. Das kann zum Beispiel eine Teilnahme als Abgeordneter im Bundestag sein, die Berechtigung für die Bestimmung des Wetters im kommenden Jahr oder etwas ganz anderes.

- Einkaufsschein

  Wer diesen nimmt, kann eine Ware aufschreiben, die man in den nächsten Jahren kostenfrei bekommt.

- Heiligenschein

  Es gibt ja die Vorstellung von einem heiligmäßigen Leben und den Heiligen im Himmel. Auf diesem Schein kann man also seine Vorstellungen über den Seinszustand nach dem Tode aufschreiben.

- Trauschein

  Der Trauschein wird ja bekanntlich bei der Eheschließung ausgestellt. Hier kann man das aufschreiben, was einem in der Partnerschaft wichtig ist und welchen Wert man einem Trauschein beimessen will.

- Geldschein

  Wer diesen Schein nimmt, kann eine Sachrichtung aufschreiben, die man künftig mit diesem Schein immer und überall einlösen kann. Zum Beispiel alle Urlaubsreisen bis zum Tod. Oder bestes Essen und Trinken, Kleidung oder ähnliches.

- Fahrschein

  Wer einen solchen Schein nimmt, kann ein Verkehrsmittel aufschreiben, mit dem man das ganze Leben lang kostenlos fahren kann.

- Sonnenschein

  Das ist etwas für Leute, die sich schon immer mehr Sonne wünschen. Man kann hier also beispielsweise ein Land mit viel Sonnenschein aufschreiben, in dem man leben möchte. Oder einen Wunsch für die Sonnentage des Jahres.

Auswertungsphase

Je nach Situation und Wunsch kann diese mehr oder weniger offen gestaltet werden. Gut wäre es, wenn besonders in kleineren Kreisen viele bereit wären, ihre Wahl bzw. anderen das mitzuteilen, was sie aufgeschrieben haben.

Die Leitung soll für eine gute Gesprächsatmosphäre sorgen und auch weiterführende Fragen stellen und vielleicht auch etwas hinterfragen.

Zum Nachdenken

Eine Gruppe wollte »Scheine« beschaffen, um damit ein Entwicklungsprojekt in Kenia unterstützen zu können. Im Januar, in der »blumenarmen« Zeit, wollten sie mit Rosen eine Verkaufsaktion starten und auf diese Weise zu Geld kommen.

Sie wussten nicht, dass 80 Prozent aller Schnittblumen importiert werden und besonders in der kalten Jahreszeit die größte Menge aus Kenia kommt. In diesem Land werden die Blumenfarmen nach einer Studie der GTZ in Afrika den Anforderungen des Gütesiegels nicht gerecht. Es werden Pflanzenschutzmittel wie DDT, Dieldrin und Aldrin eingesetzt, die wegen ihrer gesundheitsschädlichen Wirkung international geächtet sind. Zudem tragen viele Arbeiterinnen und Arbeiter beim Umgang mit dem giftigen Pestiziden keine Schutzkleidung, was bekanntermaßen zu Haut-, Leber- und Nierenschädigungen führt und sich auch krebserregend auswirkt.

Es bleibt die Frage, ob diese Scheine für Kenia vielleicht nur ein Schein bleiben?

→ **Das Zitat zum Thema**

Papst Johannes XXIII. wurde einmal bedrängt, jemanden aus dessen Verwandtschaft heilig zu sprechen. Der Papst antwortet. »Ich könnte ihn vielleicht scheinheilig sprechen!«

Mann und Frau

1 Hinführung

Es stimmt nicht, dass die Welt vom Geld regiert wird! Es stimmt nicht, dass Ansehen, Wissen und Besitz die wesentlichen Dinge im Leben sind. Viele Menschen geben so manches auf oder her, manchmal auch alles, um für das da zu sein, was mit Liebe, Erotik und Angenommensein umschrieben werden kann. Die Kraft der Sinne, die in einem Mann oder einer Frau wirken, sind mächtiger als das PS-stärkste Auto der Welt.

2 Mann und Frau

Niemand bezweifelt, dass im Spannungsbereich von Mann und Frau Sinnvorstellungen und Sinneswahrnehmungen sich jeweils anders zeigen und ausgestalten.

Damit uns das gegenwärtig werden kann, möchte ich mit Ihnen jetzt einige Dinge anschaulich herholen. Ich bringe Aussagen und dann sind Sie gebeten, dazu Stellung zu nehmen. Dabei bedeutet:

keine Hand erheben	=	dagegen
eine Hand	=	mehr dafür
zwei Hände	=	ganz dafür

- Mädchen und Frauen sind weniger fremdenfeindlich und nur ganz selten gewalttätig.
- Frauen fluchen fast nie.
- Männer sind potenzielle Vergewaltiger.
- Frauen sind potenzielle Verführerinnen.
- Gott ist weder männlich noch weiblich.
- Es ist unverantwortlich, wenn gleichgeschlechtliche Paare ein Kind erziehen.
- Die Mutter-Gottes-Verehrung ist eine Antwort auf die männlich ausgerichtete Kirche.
- Frauen finden leichter einen Zugang zur Spiritualität.

3 Geschichte

In Platons Werk »Symposion« erklärt der Komödiendichter Aristophanes das Liebesverlangen der Menschen auf folgende Weise:

Zuerst waren die Menschen kugelgestaltig, hatten vier Arme, vier Beine und zwei Gesichter. Sie waren dadurch so kraftvoll und voller Selbstgefühl, dass sie den ängstlichen Göttern gefährlich zu werden drohten. Darum habe Zeus die Kugelmenschen in zwei Hälften geschnitten: »Als nun so ihre ursprüngliche Gestalt in zwei Teile gespalten war, ward jene Hälfte von Sehnsucht nach Vereinigung mit der anderen getrieben.« Seitdem, so die Erklärung, sei die Liebe den Menschen eingeboren. »Sie führt das ursprüngliche Wesen zusammen und ist bestrebt, aus zweien eins zu machen und der menschlichen Natur Heilung zu schaffen.«

Was von der Geschichte sicher bleibt, ist die Erfahrung, »dass es nicht gut ist, dass der Mensch allein sei« (Gen 2,18), und dass die Anziehungskraft so groß ist, dass »der Mann seinen Vater und seine Mutter vergisst, um seiner Frau anzuhangen.« (Gen 2,24)
(nach einem Manuskript von Willi Lambert SJ)

4. Litanei der Sinne

Voll von Sinn war Jesus! Mit allen Sinnen sprach er Frauen und Männer an und gab so ihrem Dasein einen Sinn. Hören wir seine Botschaft:
Abwechselnd vorlesen.

1 + 2 Du hast Männer und Frauen in deine Nachfolge gerufen.

1 Du hast die lüsternen Blicke der Männer verurteilt. (vgl. Mt 5,28)

2 Du hast die Berührung einer blutenden Frau an deinem Rocksaum gespürt. (vgl. Mt 9,20)

1 Du hast die Bittrufe eines Berufssoldaten erfüllt. (vgl. Mt 8,6)

2 Du hast die Ehefrauen in Schutz genommen, die von ihren Männern nach Belieben verstoßen werden konnten. (vgl. Mt 19,3)

1 Du hast den willensschwachen Petrus über Wasser gehalten. (vgl. Mt 14,31)

2 Du hast dich durch das nachhaltige Bitten einer Ausländerin überzeugen lassen. (vgl. Mt 15,27)

1 Du hast den Rangstreit zweier Männer in deinen Reihen mit dem Hinweis auf das Dienen beantwortet. (vgl. Mk 10,35)

2 Du hast die rechte Weisheit am Beispiel der klugen Jungfrauen aufgezeigt. (vgl. Mt 25ff)

1 Du hast die Hand eines Mann an einem Sonntag geheilt. (vgl. Lk 6,10)

2	Du hast dir von einer Frau wohlriechendes Öl über das Haupt gießen lassen. (vgl. Mt 26,7)
1	Du hast die Hilfsbereitschaft eines Ausländers am Beispiel eines Überfalls mit Körperverletzung gezeigt. (vgl. Lk 10,33)
2	Du hast die Opferbereitschaft einer armen Witwe gewürdigt. (vgl. Mk 12,44)
1	Du hast den Großmut eines Mannes transparent gemacht, der seinen verlorenen Sohn wieder aufnimmt. (vgl. Lk 15,11ff)
2	Du hast dir von einer Sünderin die Füße salben lassen. (vgl. Lk 7,38)
1	Du hast dich über den Dank des geheilten Samariters gefreut. (vgl. Lk 17,19)
2	Du hast theologische Gespräche mit der Frau am Jakobsbrunnen geführt. (vgl. Joh 4)
1	Du hast deinen Zorn über die Händler im Haus Gottes zum Ausdruck gebracht. (vgl. Lk 19,45)
2	Du hast dich mit einer Henne verglichen, die ihre Küken unter ihre Flügel sammelt. (vgl. Lk 13,34)
1	Dich hat die Botschaft vom Tod deines Freundes Lazarus innerlich erschüttert und ergriffen. (vgl. Joh 11,33)
2	Du hast eine Frau angesprochen, damit sie dir Wasser zum Trinken bringe. (vgl. Joh 4,7)
1	Du hast einem blinden Mann die Augen mit Speichel bestrichen. (vgl. Mk 8,23)
1 + 2	Du hast Männern und Frauen Brot und Wein zum Zeichen der Verbundenheit mit dir gegeben. (vgl. Mt 26,26)

5 Plädoyer für zwei

Das im chinesischen Weltbild verankerte Yin-Yang will zum Ausdruck bringen, dass sich das Weibliche und das Männliche ergänzen, dass alle göttlichen Wirkungen von einer Einheit ausgehen und der Vervollkommnung und der Entwicklung der Gesamtheit dienen: Einssein mit sich selbst und sich finden in zweien.

Mit einem Auge kann ich viel sehen,
aber mit zweien sehe ich besser und mehr.

Auf einem Fuß kann ich wohl stehen,
doch mit zweien stehe ich sicher und fest.

Mono höre ich auf einem Ohr
und mit zwei ist es Stereo.

Duft strömt durch meine Nase,
links und rechts auf gleiche Weise.

Bleibt mir der Mund allein,
für das Wort und ein Lächeln.

Dazu brauche ich ein Du.
Allein sein kann ich nicht immerzu.

In Beziehung ist alles in dieser Welt:
Himmel und Erde,
Sonne und Mond,
Land und Meer,
und zu allererst
Mann und Frau

6 Segen

Das Sinnliche zwischen Mann und Frau ist die treibende Kraft und der Segen für das Menschsein. Ich lade Sie nun ein, diese Kraft und diesen Zuspruch im Segen zu erfahren.

Es wäre schön, wenn wir uns dazu die Hände reichen. Wenn es irgendwie möglich ist, sollen alle Männer die Hand einer Frau suchen und alle Frauen die Hand eines Mannes. Auch wenn wir die Augen schließen, spüren wir es, dass es die Hand von einer Frau oder einem Mann ist.

Wir schließen mit dem Segen über die Sinne, die im Weiblichen und Männlichen sich berühren.

Wir spüren über die Handflächen das Männliche und das Weibliche, alles was mit Sinn und Sinnlichkeit gefüllt ist.

– 20 Sekunden –

Der gute Segen Gottes
möge fließen in allem
was er geschaffen hat.

Sie möge alle Kraft und Zärtlichkeit
wachküssen
im Weiblichen und Männlichen.

Er möge sensibilisieren:
Gespür und Behutsamkeiten
zwischen den Menschen.

Sie mögen die Sinnlichkeit wecken:
Für ein gutes Miteinander
zwischen Mann und Frau.

So sei es!
Gehet hin mit dem Sinn für alle Sinne, die als Mann und die als Frau
dir gegeben sind.

→ Das Zitat zum Thema

Gott hat die Frau nicht aus des Mannes Kopf geschaffen, dass er ihr befehle, noch aus seinen Füßen, dass sie seine Sklavin sei, vielmehr aus seiner Seite, dass sie seinem Herzen nahe sei.
(aus dem Talmud)

Netz

Zugang

Das Netz erinnert uns nicht nur an Fischfang. Wir bringen ein Netz auch sogleich in Verbindung mit Telefonnetz, mit einem Netzwerk und vom Aufgefangen-werden in einem (sozialem) Netz. Mit Internet ist die Vernetzung in eine Dimension getreten, die den Zugang zu allen Informationen und Bedürfnissen zu befriedigen scheint.

Doch das Netz eines Freundschaftskreises oder guter Verbindungen im Straßennetz haben an Wichtigkeit und Bedeutung nichts eingebüßt.

Einstimmung

Ich hänge am Netz:
Am Netz, von oben mir zugeworfen,
als am Ende ich war.

Ich liege im Netz:
Im Netz der häuslichen Hängematte
und es trägt mich ganz gut.

Ich zerreiße das Netz:
Das Netz der Gewohnheit und Verstrickung
und ich atme auch schon.

Ich knüpfe ein Netz:
Ein Netz zum Leben und zu den Menschen.
Noch heut fange ich an.

Netz-Aktion: für mindestens 30 Personen

1. Teil

Alle sitzen in mehreren Stuhlreihen.

Wir legen nun im ersten Teil Fäden für ein Netz, die geradlinig und ohne Verbindungen sind. Dabei geben wir jedem Faden eine symbolische Bedeutung.

Von vorne werden an jede erste Person dicke Fäden gegeben mit der Bitte, den Anfang festzuhalten und sie bis nach hinten durchzugeben.

- Im ersten Faden sehen wir all das, worin uns das Leben immer wieder verstrickt.
- Im zweiten soll zum Ausdruck kommen, dass wir oft in Situationen kommen, die man mit »ohne Netz und doppelten Boden« umschreiben kann.
- Der dritte Faden steht für alle Netze, mit denen Zugvögel gefangen werden und die Netze zum Fang des Thunfisches, bei dem die luftatmenden Delfine unter Wasser ersticken müssen.
- Der nächste Faden soll an jene Menschen erinnern, denen es nicht gut geht, weil sie einer Sache oder jemandem ins Netz gegangen sind.
- Der letzte Faden steht für das Netzwerk der Verleumdung und Intrigen.

2. Teil

Auf einer Seite werden nun an die ersten Personen jeder Stuhlreihe Fäden ausgegeben. Dieser Faden soll ebenso weiter gegeben werden mit der Bitte, dass jede Person diesen Faden mit dem bereits gelegten Längsfaden verknüpft.

Diese Fäden haben das Ziel, ein Netz zu knüpfen. Wir geben jedem Faden symbolisch eine Bedeutung, die für unser Leben wichtig ist.

- Der erste Faden für das Netz soll dafür stehen, dass wir immer wieder wie in einem Netz getragen werden.
- Der zweite soll alle Verbindungen symbolisieren, die wir zu anderen Menschen haben.
- Dem dritten Faden geben wir die Bedeutung eines Fußballnetzes und somit all das, was mit Sport, Spaß und Erholung zu tun hat.
- Der vierte Faden gilt allen Verbindungsnetzen wie Straßennetz, Bahnnetz, das Internet oder das soziale Netz.

- Im letzten Faden soll all das zum Ausdruck kommen, was an Zusammenarbeit und Netzarbeit unter den Menschen immer wieder geschieht.

Knüpft nun das Inter-Netz!
Anschließend kann das Netz von allen über die Köpfe hoch gehoben werden. Zu beachten ist aber, dass vorher an den vier Ecken eine Verknüpfung geschieht.

Die Frau des Fischers
Die Frau eines Fischers hat mit einem Matrosen die Ehe gebrochen. Nach Landessitte soll sie deshalb von einem hohen Felsen gestürzt werden. Doch in der Nacht vor der Vollstreckung steigt der betrogene Ehemann in die Felswand. Aus starken Seilen spannt er ein großes Netz über den Abgrund, das er mit Gras, Stroh und Kissen ausstopft. Als am anderen Morgen das Urteil vollstreckt wird, stürzt die Frau vom Felsen herab, aber sie wird aufgefangen im Netz der Liebe ihres Mannes.
(nach Werner Bergengruen)

→ **Das Zitat zum Thema**
Gib dem Menschen einen Fisch, und er hat den ganzen Tag zu essen; lehre den Menschen fischen und gib ihm ein Netz, und er hat ein Leben lang zu essen.
(aus China)

Kranz

Zugang

Der Kranz galt schon in der Antike als Sieges- und Ehrenzeichen.

Ein Kranz ist rund und damit kann er auch die Vollkommenheit in sich selbst symbolisieren. Aus den vielen Einzelteilen bzw. Zweigen entsteht etwas Ganzes. Wenn der Adventskranz mit Grün geschmückt wird, dann soll damit die Hoffnung zum Ausdruck kommen, die mit Jesus in die Welt kam.

Es gibt viele Kränze, die unser Leben begleiten: Ein Blumenkranz bei Kindern, der Adventskranz, der Kranz am Grab und viele andere. Weniger bekannt ist der Ährenkranz, der aus Freude über eine reiche Feldfrucht gebunden wird.

Arbeitsanleitung für einen Ährenkranz

20 bis 24 möglichst gleich große Ähren werden in der Höhe des ersten Knotens abgeschnitten und für eine halbe Stunde in lauwarmes Wasser gelegt. Inzwischen kann man den Ring mit einem Durchmesser von etwa fünf cm anfertigen und zwar aus einem 2-3 mm starkem Eisendraht. Dieser wird mit Bast oder Tesakrepp umwickelt und dann können die eingeweichten Ähren mit einem durchgesteckten Knoten auf den Ring in dichter Aneinanderreihung gebracht werden. (siehe Abb. unten) Der fertige Ährenkranz wird dann zum Trocknen auf eine feste Unterlage gelegt und gegebenenfalls kann man die Halmenden mit Stecknadeln befestigen. Dann wird der Mittelteil beschwert, bis der Ährenkranz ganz trocken ist.

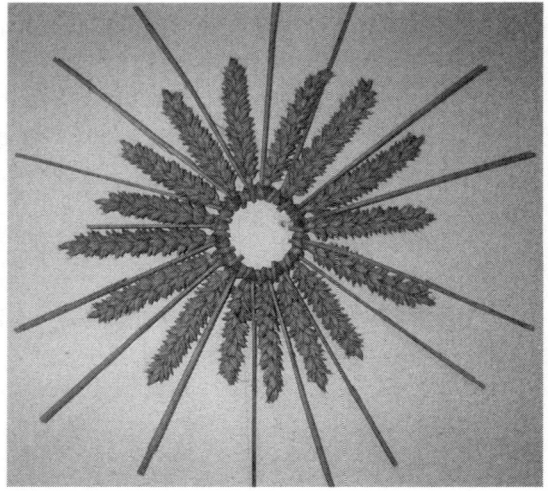

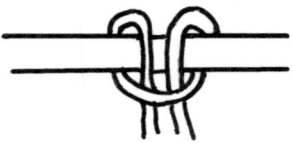

Meditation des Ährenkranzes

Alle haben vor sich den Ährenkranz. Oder einer wird so in die Mitte gelegt, dass ihn alle sehen können.

Ähren

Die im Kreis aufgereihten Ähren fallen uns sogleich auf. Sie tragen Samen: gereift, getrocknet und bereit, neues Leben hervorzubringen. Diese Samen sind für Menschen und Tiere Nahrung. Getreide gehört zu den wichtigsten Grundnahrungsmitteln.

Diese Ähren zeigen uns auch die Mühsal unserer Arbeit. Im Gleichnis vom Sämann erzählt Jesus, dass einige Samen auf fruchtbaren Boden fielen und daraus hundertfältige Frucht erwuchs (vgl. Mt 13,1-9). So zeigt uns dieser Ährenkranz auch die Freude über das Geschaffene, vom Landwirt angefangen bis zu uns, die wir einen so schönen Ährenkranz gebunden haben.

Strahlen

Die Halme, die einmal die Ähren getragen haben, werden auf dem Bogen in entgegengesetzter Richtung über die Ähren hinausgeführt. Dort enden sie wohl. Aber es scheint, als wollten sie über das hinausweisen, was uns so oft nur an Arbeit, Erfolg und Schönheit erinnert.

Strahlen müssen nicht immer aus einem Licht bestehen. Diese Strahlen sind in diesen Sommertagen aus Samenkörnern gewachsen und wir könnten sagen, aus der Erde in den Himmel hineingewachsen.

Leere

Die Mitte ist leer. Wir neigen gern dazu, das was leer ist, mit etwas Schönem oder Sinnvollem auszufüllen oder in die Mitte das zu legen, was uns wichtig ist. Aber hier ist und bleibt die Mitte leer und es bleibt Raum und Freiheit für das, was für jeden von uns wichtig ist oder meistens auch nur mühsam benannt werden kann.

→ Das Zitat zum Thema

Ein Kranz ist gar viel leichter binden, als ihm ein würdig Haupt zu finden. (Johann Wolfgang von Goethe)

ZEIT DER STÄRKE

Stehen

Zugang

Manchmal können wir erleben, dass jemand besonders gelobt und gewürdigt wird. Und dann stehen alle anderen ohne Aufforderung dazu auf. Hier wird die Zuneigung und Achtung zu diesem Menschen deutlich.

Irgendwann hat der Mensch die aufrechte Haltung angenommen. Das erhebt ihn auch im übertragenen Sinne von der Erde. Besonders wenn wir uns fortbewegen wollen oder wenn uns etwas wichtig ist, erheben wir uns in die Senkrechte.

Hinführung
Alle sitzen auf Stühlen oder auf dem Boden.

Wir sitzen jetzt auf dem Boden oder auf Stühlen. In dieser Haltung verharren wir zumeist in ruhender Stellung, wenn wir zuhören oder nachdenken: Oder wenn wir uns in einer feierlicher Runde befinden.

Wir möchten jetzt dem nachfühlen, was das Stehen für uns bedeutet und was wir daraus machen können. Dazu möchte ich euch bitten, langsam und bedacht aufzustehen.

Alle sollen sich im Raum einen Platz suchen, so dass man genügend Raum um sich hat.

Wir fühlen das Stehen.

Wir probieren, wie wir am besten stehen können: Füße etwa hüftbreit auseinander stellen und Arme herunterhängen lassen. Wir spüren unser Gewicht zwischen den Sohlen und den Fußballen.

Ein wenig versuchen wir uns vorzustellen, dass wir in dieser Haltung ziemlich standfest sind und nicht so leicht umfallen können.
– Pause –

Stramm stehen.

Dazu stellen wir die Füße ganz eng zusammen und nehmen vielleicht auch noch allgemein eine sehr »stramme Haltung« ein.

Unter »strammstehen« versteht man landläufig Disziplin, Respekt vor den Oberen, Anstand und »sich zusammenreißen«.

In dieser Position kann man schneller umfallen. *– Pause –*

Für etwas gerade stehen.

Wir können wieder eine normale Haltung einnehmen, aber weiterhin eine geradlinige Stellung behalten.

Sprichwörtlich spricht man manchmal davon, dass man für etwas gerade stehen muss. Das heißt, zu einer Sache auch stehen, die man mitverursacht hat. Dazu braucht man dann ein gutes Standvermögen und manchmal spürt man, dass sich die Körperhaltung versteift und zu widerstehen versucht. In solchen Situationen verhärtet man sich manchmal und wird hochnäsig. Das kann dazu führen, dass man nicht mehr so sehr die Sache oder die vermeintlich gegnerischen Menschen sieht.

– Pause –

Zu Diensten stehen.

Bei dem Wort »dienen« kommen uns wahrscheinlich sogleich Gedanken an Unterwürfigkeit, sich klein machen, zur Verfügung stehen oder sich verbeugen. Wer jetzt einmal kurz ein leichtes Verbeugen probiert, kann sich in diese Situation einfühlen.

Der Körper ist gebeugt, die Füße etwas angespannt und ich sehe nicht mehr, was in meiner Umgebung vorgeht. Ich bin irgendwie ausgeliefert.

– Pause –

Einen Standpunkt haben.

Wir stehen wieder gerade und aufrecht, sozusagen in aufrechter Haltung und wie Menschen, die Würde und einen Standpunkt haben.

Dieser Standpunkt kann auch ins Wanken kommen. Wer mag, kann das ausprobieren: Wer sich zum Beispiel zu weit nach hinten lehnt, sozusagen sich zurückzieht; oder wer sich an einen Baum anlehnt, sucht die Stütze von außen. Das darf und soll auch sein, wenn man sich des eigenen Standpunktes gewiss ist.

– Pause –

Auf einem Bein stehen.

Wenn wir lange stehen müssen, dann entlasten wir manchmal einen Fuß und belasten vorübergehend den anderen etwas mehr. Besonders bei einigen Meditationsformen gibt es Übungen zu Konzentration und Selbstwertgefühl, bei denen man auf einem Bein steht.

Wer mag, kann das einmal versuchen: Zuerst mit einem Bein einen guten Stand suchen und dabei den Körper ins Lot bringen. Dann langsam die Fußsohle des anderen Fußes an die Wade des Standbeines legen. Wer noch etwas dazu versuchen will, faltet die Hände vor der Brust oder über dem Kopf.

– Pause –

Auferstehen.
Wir stehen wieder gut mit beiden Beinen auf dem Boden und versuchen dann langsam, auf den Zehenspitzen zu stehen. Das machen wir immer dann, wenn wir mehr sehen wollen als der eigene Horizont bietet.

Auch wenn wir jetzt wieder eine normale Stehhaltung einnehmen, können wir uns daran erinnern, dass wir uns manchmal auch im anderen Sinne erhöhen oder für etwas aufstehen. Wenn wir gerade sitzen und jemand spricht uns an; wenn wir jemanden begrüßen wollen, wenn es feierlich wird oder ein wichtiger Vorgang geschieht. Darum stehen beim Gottesdienst auch die Christen beim Lobgesang und beim Evangelium auf, weil sie sich Gott stellen wollen und weil sie wissen, dass sie in seiner Gnade stehen (vgl. Röm 5,2) und einmal zu ihm auferstehen werden.

Mein Schöpfer und Gott:
Wir stehen vor dir.
Geerdet auf dieser Erde,
die uns hält und trägt.
Aufrecht und in Würde,
die Freiheit und den Geist
deiner Welt zu atmen.
Verwurzelt in dieser Welt und
ausgestreckt nach dem Himmel
unserer Sehnsucht.

→ **Das Zitat zum Thema**
Wer immer richtig liegen will, kann für nichts mehr gerade stehen.
(Helmut Hubacher)

Reden und Schweigen

Zugang

Die Sprache ist nicht nur das wichtigste Kommunikationsmittel, sie zeigt auch sehr viel vom Wesen eines Menschen. Hildegard von Bingen meinte: »Was aus unserem Mund kommt, ist die Resonanz der Seele«. Manche reden zu viel und andere dagegen benutzen wenig die sprachliche Mitteilungsform. Nach einer Zeitungsmeldung sollen die Eltern durchschnittlich nur zehn Minuten täglich mit ihren Kindern reden.

Wir üben das Reden und Schweigen

1 *Wenn es mindestens zehn Personen sind und sich die Teilnehmerinnen und Teilnehmer untereinander kennen.*
Schließt die Augen und geht langsam und behutsam im Raum umher. Wenn ich es sage, dann stoppt, tastet nach einer Person und bitte dann die Augen noch geschlossen halten. Sagt euch gegenseitig und nacheinander ein Wort zu und versucht, auf Grund des gesprochenen Wortes euch gegenseitig zu erkennen.

2 Sucht euch jemanden für ein kleines Experiment und stellt euch gegenüber auf.
Jemand beginnt und sagt einen Satz. Die andere Person achtet auf den Gesamteindruck in Bezug zum gesprochenen Wort. Also: Auf was hast du besonders geachtet: auf die Stimmlage, die Kleidung, das Gesicht, auf den Inhalt der Aussage? (Laut Umfrage der Zeitschrift GEO haben 40 Prozent der Befragten auf die Stimme geachtet).

3 Der Ton macht die Musik, besagt eine Redensart. Wir können unseren Ton spüren! Und dabei können wir erfahren, dass es nicht möglich ist, auch nur den kleinsten Laut von sich zu geben, ohne dass nicht unser Körper damit in Schwingung versetzt wird. Wir können das ausprobieren:
Wir geben einen kleinen Laut von uns, z.B. ein »a«, ein »mh« oder sagen einfach ganz leise nur »pieps« und spüren, welche Resonanz in unserem Körper zu spüren ist.

Zusätzlich

Eine Person im Kreis gibt einen Laut von sich und die anderen werden spüren, dass daraus kleine Schwingungen in ihren Körpern entstehen. (nach Olaf Nollmeyer: Die eigene Stimme entfalten. München 1998.)

4   Wir schließen die Augen, lassen die unteren Zähne leicht die oberen berühren und verstopfen mit dem Finger ein Ohr. Wir können erfahren, wie sehr wir unseren Ton im Körper hören können. Dann steigern wir das noch, indem wir beide Ohren verschließen.

Dann summen wir weiter und legen beide Handflächen hinter die Ohren. Langsam drücken wir nun die Ohrmuscheln nach vorne, so weit es geht. Dann wieder langsam loslassen. So können erfahren, wie sich unserer Ton ausbreitet.

5   Eine letzte Übung, die uns die Voraussetzungen für bestimmte Töne aufzeigen kann:

Wir öffnen den Mund und summen. Wir werden zunächst eine andere Qualität des Summens feststellen und dass wir dazu auch etwas umstellen müssen. Dann versuchen wir, in dieser Stellung Obertöne zu erzeugen. Es wird nicht möglich sein.

→ **Das Zitat zum Thema**

Das rechte Wort kommt aus dem Schweigen, und das rechte Schweigen kommt aus dem Wort.

(Dietrich Bonhoeffer)

Energie

Zugang

Mit Energie meinen wir sowohl die Willensstärke und die Kraft zur Arbeit als auch die physikalische Energie, die wir beispielsweise von der Wasserkraft oder der elektrischen Energie her kennen.

Aber es gibt noch eine andere Energie, die nicht so wie andere Energien existenziell erfahren wird und die Frage aufkommen lässt, woher die Energie für das Leben kommt. Heinrich Bösing hat dazu den nachdenkenswerten Satz geprägt: »Wer keinen Mut zum Träumen hat, hat auch keine Kraft zum Kämpfen.«

Wir zeigen Energie
Möglichkeiten
- mit einer leistungsstarken Taschenlampe.
- Kleinmaschine, die von Sonne bzw. Lichteinstrahlung betrieben wird.
- alle reiben kräftig und schnell die Handflächen.

Anstößige Gedanken
Seit Milliarden von Jahren
existieren Monstergrößen von Sternen,
tauschen sich unaufhörlich
physikalisch und chemisch aus,
reagieren aufeinander
und geben unvorstellbare Energien frei.

Der neu entdeckte »Pistolenstern« beispielsweise:
25 000 Lichtjahre von der Erde entfernt,
hat einen Durchmesser von 400 Millionen Kilometern,
leuchtet zehn Millionen Mal kräftiger als unsere Sonne
und kann in sechs Sekunden so viel Energie abstrahlen
wie unsere Sonne in einem Jahr.

Energie wozu?
Wer soll damit etwas anfangen?

Ganz zu schweigen von so einem schwarzen Loch,
das ganze Galaxien verschlucken kann.

Was kommt dabei heraus?
Und wem kann das etwas nützen?
Mir nicht!

Eine kleine Energiemeditation

Es gibt eine Energie aus dem Geist, aus dem Körper, aus der Seele. Es gibt
eine elektrische Energie, eine biologische und eine aus Atomkraft, eine
kosmische Energie und eine Energie, die wir nicht beschreiben können. Es
gibt Menschen, die gut mit ihrer Energie umgehen können, die energie-
bewusst sind. Es gibt aber auch Menschen, die geradezu ein Energiebün-
del sind. Es gibt eine Energiekrise wie Benzinknappheit und es gibt Ener-
giekrisen im Alltag eines Menschen. Wer weiß die Quelle aller Energie?
Nicht nur die von Strom und Kraftstoff. Nicht nur die Energie, die die
Blumen wachsen lässt und die Liebe der Menschen treibt. Woher hat die
Sonne ihre Energie und woher kommt die Leuchtkraft der Sterne und die
der Blumen?

Ich glaube, dass meine Kraft und Energie nicht nur biologischer Art ist!
Die einen sagen, dass dahinter eine intelligente Quelle aus dem Univer-
sum steht. Und es gibt Unmengen von religiösen Bewegungen mit der
Glaubensausrichtung, dass der Ursprung aller Kraft in Gott liegt.

Fakten, Einsichten, Zitate

Die Recyclingkosten für eine Dose betragen etwa eine Kilowatt.

*

Nicht die mangelnde technische Entwicklung ist das entscheidende Hindernis für eine breite aktuelle Nutzung der Sonnenenergie, sondern ideo-
logische Hemmungen, kurzsichtige wirtschaftliche Interessen, Überspe-
zialisierung der sogenannten Experten und eine politische Provinzialität,
die außerstande ist, Ziele und Wege politischen Handelns aus einer zusam-
menhängenden Problemsicht zu bestimmen.
(aus: Hermann Scheer, Eine Vision wird Wirklichkeit, Aufsatz in »Denk-
anstöße 90«, München 1989.)

*

Jeder Bürger der Bundesrepublik verbraucht im Durchschnitt eine Energiemenge, die der Leistung von 500 Arbeitssklaven der Antike entspricht. (Richard von Weizsäcker)

Ich glaube an die Kraft des Gedankens mehr als an die Kraft des geschriebenen oder gesprochenen Wortes. Und wenn in der Bewegung, die ich zu repräsentieren versuche, Lebenskraft und über ihr der Segen Gottes ist, dann wird sie die ganze Welt durchdringen, ohne dass sie in allen Teilen der Welt physisch anwesend sein müsste.
(Mahatma Gandhi)

Gott hat mich mit Kraft gerüstet. (Ps 18,33)

Ich aber, ich bin voller Kraft, voll Geist des Herrn. (Mi 3,8)

Wir verkündigen Christus als Gottes Kraft und Gottes Weisheit. (1 Kor 1,23f)

Segenswunsch
Energie sollst du haben für dein Leben,
für das Lachen und Weinen,
für das Lernen und Schlafen,
für die Zuneigung zu lieben Menschen
und auch für andere,
für das Anzapfen aus der Energiequelle Gottes,
für das Träumen und für neue Ideen,
für das Reifen deines Lebens und des Geistes.
Alle Energie des Lebens und die Kraft aus Gottes Geist sei mit dir!

→ **Das Zitat zum Thema**
Die Energie, die wir brauchen, bekommen wir aus dem Strom, gegen den wir schwimmen.
(unbekannt)

Kraft

Zugang

In und für unser Leben sind immerwährend Kräfte wirksam, die erhalten und vorantreiben. Kräfte, die zerstören und Kräfte, die gestalten und Gutes anstoßen. Oft sehen wir nur die Kräfte der Natur und der Technik. Doch die Willenskraft im Menschen und besonders die Kraft, die aus dem Ursprung aller Dinge kommen muss, bewegen in Wahrheit das Wesentliche.

Die Sonne und der Wind

Einst stritten sich die Sonne und der Wind, wer von ihnen beiden der Stärkere sei, und man ward einig, derjenige sollte dafür gelten, der einen Wanderer, den sie eben vor sich sahen, am ersten nötigen würde, seinen Mantel abzulegen.

Sogleich begann der Wind zu stürmen; Regen und Hagelschauer unterstützten ihn. Der arme Wanderer jammerte und zagte, aber immer fester wickelte er sich in seinen Mantel ein und setzte seinen Weg fort, so gut er konnte.

Jetzt kam die Reihe an die Sonne. Mit milder und sanfter Glut ließ sie ihre Strahlen herabfallen. Himmel und Erde wurden heiter; die Lüfte erwärmten sich. Der Wanderer vermochte den Mantel nicht länger auf seinen Schultern zu erdulden. Er warf ihn ab und erquickte sich im Schatten eines Baumes, während die Sonne sich ihres Sieges erfreute.
(Johann Gottfried Herder)

Aktion Kraft – ein Bericht

Die Aufgabe lautet: Findet euch zu zweit zusammen, setzt euch gegenüber und dann ballt die eine Person eine Hand fest zur Faust. Die andere soll versuchen sie zu öffnen. Später Wechsel.

Bericht 1

Je mehr Kraft ich aufwendete, desto hartnäckiger wurde die gegnerische Hand zugedrückt. Mir war, als würde diese Faust wie zur eigenen Ehre verteidigt, um ja nicht der Unterlegene zu sein.

Bericht 2

Mir war von Anfang an klar, dass ich das nicht schaffen konnte. Was soll-ten auch meine zarten Hände bei diesem kraftstrotzendem Gegenüber schon ausrichten. Das sind Gegebenheiten in dieser Welt.

Bericht 3

Ich nahm die Hand meines Gegenübers in meine Hand und legte meine andere Hand darauf. Bereits hier spürte ich, dass ich wenig Widerstands-kraft zu erwarten hatte. Ich wendete keine Kraft an, ich ließ vielmehr die Kraft der geballten Hand gelten. Ich versuchte es mit Streicheln und Mas-sieren und zeigte dabei auch meinen festen Willen, das Ziel zu erreichen. Der Partner fügte hinzu: Ich konnte nicht mehr anders, ich musste öff-nen. Das war keine Sache von Kraft oder nicht Kraft, auch keine Frage rei-ner Überlegung.

→ **Das Zitat zum Thema**

Die Macht der Ohnmacht liegt in der Ohnmacht der Macht.
(Redensart)

Seil

Zugang

Das Seil ist der Inbegriff für Sicherheit und Rettung. Besonders im Erlebnissport wie z.b. beim Bungee Jumping wird das Seil als Garant für das Überleben gesehen. Darüber hinaus werden Stricke und Seile in vielen Berufs- und Arbeitsrichtungen gebraucht und man spricht im übertragenen Sinne auch davon, dass eine Belegschaft oder eine Gruppe an einem Seil ziehen soll, um Erfolg zu haben.

Anfangsspiel

Alle stehen im Kreis.

Ein Person nimmt das Seilende und gibt es weiter. Das soll solange geschehen, bis alle das Seil in den Händen halten. Dann wird es zusammengeknotet. Nun können sich alle in das Seil einfühlen, sich gegenseitig anschauen und sicher fallen dabei auch entsprechende Bemerkungen. Dann soll der Vorschlag kommen, dass sich alle gleichzeitig und langsam nach hinten lehnen. Weil möglicherweise die einen das sehr zaghaft und ängstlich versuchen und andere sich mehr »reinhängen«, wird es zu Unsicherheiten kommen. Möglicherweise scheitert sogar der erste Versuch. Aber daraus können alle lernen. Bei der Wiederholung kommt sicher Spaß auf und man will und soll es schaffen. Das Getragenwerden von und durch die Gemeinschaft im Seil wird deutlich. Schließlich soll es so sein, dass alle ohne besondere Anstrengung und ganz locker am Seil hängen, fast so wie in einer Hängematte liegend.

Dann legen alle gemeinsam das Seil langsam auf dem Boden ab.
Dazu kann eventuell der Impuls kommen, dass dies möglichst gleichzeitig abgesenkt wird und dass dann auf dem Boden auch wirklich ein Kreis zu sehen ist.
Eine Mitte ist entstanden!

Gemeinsam sind wir stark: eine Geschichte
Dazu setzen sich alle um den Kreis herum.

Seit Jahrzehnten lebten die meisten Leute in Alraham in Streit miteinander. Die Kaufleute eiferten untereinander um die Kunden, und die Bauern vom Ort stritten sich um Wegerechte zu den Feldern. Sogar die Kinder der einen Straße lieferten sich mit den Kindern Prügeleien, die im anderen Ortsteil lagen. Auch mit anderen Orten lag Alraham immer wieder im Streit. Erst letztes Jahr setzten die Bewohner des Nachbardorfes durch, dass nicht am Rande ihres Dorfes, sondern in der Nähe von Alraham die Abwasseranlage gebaut wurde. Kurzum, in Alraham gab es tagaus und tagein Neid und Streit. Untereinander und mit den Nachbarn.

Eines Tages kam ein Fremder nach Alraham. Er quartierte sich im Dorfgasthaus ein und saß oft lesend am Dorfbrunnen. Es blieb nicht aus, dass er von der Zerrissenheit der Dorfbewohner hörte; vor seinen Augen schlugen sich die Kinder, und manche Frauen kamen zum Brunnen und klagten über ihre Nachbarn und auch über ihre Ehemänner. Der Fremde legte eines Morgens sein Buch zur Seite und ging in die Häuser der Menschen. Zuerst kam er zu einem Bauernhof. Der Bauer war gerade damit beschäftigt, Bindfäden für seinen Obstgarten zurechtzulegen. Der Fremde grüßte freundlich, nahm einen Faden und zerriss diesen vor den Augen des Landwirts. Dieser meinte, dass dies natürlich ein Leichtes sei. Daraufhin wand der Fremde zehn Bindfäden zu einem Seil und reichte das andere Ende dem Gesprächspartner. Wie sie auch zogen, die zum Seil gewordenen Fäden rissen nicht.

Der Fremde ging weiter und kam zum Schreibwarengeschäft. Alle Angestellten beäugten ihn interessiert, als er ein Blatt Papier an sich nahm und vor aller Augen zerriss. Eine Verkäuferin platzte mit ihrem Lachen heraus und meinte, dass dies schon ein Kleinkind könne. Daraufhin nahm der Fremde eine Illustrierte zur Hand und forderte die Frau auf, diese zu zerreißen. Wie sie sich auch mühte, sie musste aufgeben.

Damit hatte der Fremde einige Verunsicherungen im Dorf ausgelöst. Überall und immer sprach man von seinen Aktionen. Auch abends im Gasthaus diskutierte man die eigenartigen Vorführungen des Fremden. Der ortsansässige Schreiner meinte: »In meiner Schreinerei gibt es weder Bindfäden noch Papier.« Damit wollte er sagen, dass nicht immer durch Zusammenfügen etwas stärker wird. Es war, als hätte der Fremde dieses Gespräch mit angehört, denn er erschien am nächsten Morgen in dieser Schreinerei. Er nahm vor den Augen des Schreiners einen langen Holzspan und knickte ihn über dem Knie auseinander. Dann bündelte er zehn Holzspäne zusammen und bat seinen interessierten Zuschauer, sie zu brechen. Der Schreiner schwieg und wurde nachdenklich.

Am nächsten Tag war der Fremde verschwunden. Aber sein Geist lebte in Alraham weiter. Ausgerechnet der Ortsschreiner brachte einige Tage später im Dorfrat den Vorschlag, gemeinsam einen Schutzwall im Osten des Ortes zu errichten, um die immer wiederkehrende Überflutung durch einen nahe gelegenen Fluss zu bannen.

Seile, die uns stark machen

Hier liegen fünf verschiedenfarbige Schnüre von einer Länge von je einem Meter. Wir haben uns das so vorgestellt, dass jede Schnur für etwas stehen bzw. hängen soll, das uns wichtig ist im Zusammenhang mit »Verbindung haben« und »reißfeste Sicherheit«. Vielleicht können sich immer gruppenweise einige zusammentun und von hier eine Schnur nehmen und dann für diese Schnur eine Aussage finden, die euch ganz wichtig ist, z.B. (Dies kann auch schon im Vorfeld von einer Vorbereitungsgruppe geschehen):

– Das Seil soll uns eine starke Verbindung sein zu Menschen, die wir mögen.
– Unsere Schnur soll ein Zeichen für die Verbindung zu Gott sein.
– Wir dachten an die verschiedenen Seile und Stricke am Kinderspielplatz und wir wünschen uns, dass unsere Kinder unbeschwert und mit einer größtmöglichen Sicherheit Freude haben sollen.
– Wir sehen unseren Strick als einen Beitrag für ein dickes Seil und damit für ein starkes Miteinander unter uns, in den Familien und Gemeinden.
– Wir dachten daran, dass wir in unserem Leben manchmal wie ein Seiltänzer auf einem Drahtseil gehen müssen und wir wünschen uns Balance im Leben und Sicherheit in den vielen Gefahren.

Wir werden dann alle Schnüre zu einem dicken Seil verflechten und damit unsere verknoteten Wünsche hier in die Mitte legen bzw. hängen.

→ Das Zitat zum Thema

Wenn einer alleine träumt, ist es nur ein Traum. Wenn viele gemeinsam träumen, ist es der Anfang einer Wirklichkeit.
(Dom Helder Camara)

ZEIT DER FARBEN

Blüte

Zugang

Wir sprechen davon, dass ein Mensch aufblüht, wenn es ihm nach einer Krankheit wieder gut geht oder wenn eine Sache besonders glückt. Wenn eine Knospe sich öffnet, dann ist das ein Zeichen für eine starke innere Kraft. Dazu braucht sie Licht und Wärme. Wird es dunkel, ruht alles in und um die Blüte herum. Manche schließen sich am Abend, ähnlich wie die Menschen ihre Augen zum Schlaf. Wenn die Blüte welkt, ist die Frucht aus der Synthese von Erdtiefe und Lichthöhe schon gezeugt.

Meditation der Blüte
Eine passende Blume entsprechend der Jahreszeit auswählen und verteilen.

Alle haben vor sich eine duftende Blüte
✳
Wir riechen daran und nehmen den Duft mit geschlossenen Augen in langen Zügen wahr.
✳
Wir öffnen die Augen und betrachten die Blütenblätter: den Blütenboden, die Kronblätter, die Farbe, die Staubblüten usw.
✳
Die Entfaltung der Blütenblätter gehört zum großen Schauspiel der Natur. Aufgehen und blühen! Ich kann jetzt nachdenken, was mir in der letzten Woche »aufgegangen« ist: Was ist mir besonders gelungen? Was habe ich an Neuem und Wichtigem erfahren? Hat mir vielleicht jemand eine Blume geschenkt? Oder habe ich eine verschenkt?
✳
Eine Blüte erinnert uns an die Schönheit im Leben und daran, dass durch sie die Befruchtung für ein neues Leben geschieht. Wenn sie verblüht, wird ihre Schönheit in Frucht und Weitergabe des Lebens umgewandelt.
Was beschäftigt mich gerade und was mache oder schaffe ich gerade? Wird mein Leben und meine Mühe auch gesehen und anerkannt?
✳
Wir legen unsere Blüten im Kreis in die Mitte um einen großen Behälter, der mit Wasser gefüllt ist.

Papierblume

Alle haben die Möglichkeit, eine
einfach Papierblume zu erstellen.
Dazu gibt es eine Vorlage. Man
muss diese nur ausschneiden und
dann die Blütenblätter in der Mitte
knicken, so dass nur eine Scheibe zu
sehen ist.

Diese werden in das Wasserbecken
gelegt. Alle können nun beobachten, wie sich die Blütenblätter im
Wasser langsam öffnen.
(vorher ausprobieren!)

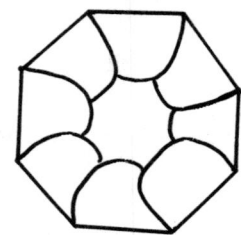

→ **Das Zitat zum Thema**

Die Blume, die über den Wolken wächst, wird niemals verdorren. Und das
Lied, welches die Morgenröte singt, wird niemals vergehen.
(Khalil Gibran)

Sonne

Zugang

Die Sonne ist die anschauliche Verkörperung des Lichts. Von ihr kommt die lebenserhaltende Energie für alles, was auf der Erde lebt. Ihr täglicher neuer Auf- und Untergang lässt sie zu einem Symbol des Neuanfangs und der Auferstehung werden. Auch bescheint sie alle Dinge mit demselben Licht. Darum wird auch von der »Sonne der Gerechtigkeit« gesprochen.

Sonnenerlebnisse

Möglich ist das am besten mit einer kleineren Gruppe und bei Sonnenschein im Freien. Nach einer Phase des Ankommens und der Hinführung wenden wir unsere Aufmerksamkeit der Sonne zu. Alle sind eingeladen, die Sonne zu erfahren und sie auch im Herzen aufzunehmen.

Sonne im Gesicht

– Wir lassen unser Gesicht von der Sonne bescheinen und spüren die ankommende Wärme.
– Das lässt uns daran denken, wie sonnenhungrig wir manchmal besonders nach langen Regen- oder Nebeltagen sind. Die Sonne erhellt dann nicht nur unser Gesicht, sondern bringt uns auch in gute Stimmung.
– So sei unser Wunsch: Die Sonne möge immer wieder unser Angesicht erhellen.

Der Sonne abgewandt

– Wir drehen uns um und spüren die Sonne im Rücken.
– Das lässt uns daran denken, dass wir nicht immer mit dem Rücken zur Wand stehen, sondern dass uns manchmal Mitmenschen den Rücken stärken, so wie jetzt die Sonne das tut.
– So sei unser Wunsch: Gott, der besonders in früheren Zeiten und von vielen Völkern mit der Sonne verglichen wurde, möge uns immer wieder neue Energie und Anschub für unsere Ziele geben.

Sonne und Schatten

- Zwei stellen sich so gegenüber, dass einer Person die Sonne ins Gesicht scheint.
- Das kann uns ein Hinweis sein, dass wir manchmal auf der Sonnenseite des Lebens stehen und uns sonnen und dass wir uns manchmal auf der Schattenseite befinden.
- So sei unser Wunsch: Die Sonne scheine uns oft warm ins Gesicht; aber nicht immer, damit wir verschont bleiben von Sonnenstich und Sonnenbrand.

Sonne pur

- Wer will, kann nun für einen Bruchteil von Sekunden versuchen, in die Sonne zu schauen. Aber bitte wirklich nicht zu lange, denn das kann gesundheitliche Folgen haben. (Nicht für jede Teilnehmergruppe geeignet!)
- Das erinnert uns an die gewaltige Energie, die von der Sonne ausgeht. Mit einem Brennglas könnten wir beispielsweise in kurzer Zeit ein Papier entflammen.
- So sei unser Wunsch: Die Sonne möge uns vor Sonnenallergien verschonen und den nachkommenden Generationen besonders auf Grund einer defekten Ozonschicht keinen Schaden bringen.

Sonnendach

- Wir suchen einen Schattenplatz auf und spüren die wohltuende Kühle.
- Das lässt uns daran denken, dass wir Sonnenschirme und Sonnenhüte haben. Aber auch daran, dass jeden Tag die Sonne hinter dem Horizont verschwindet, um sicher wieder am nächsten Tag zu erscheinen.
- So sei unser Wunsch: Gott gebe uns immer ein schützendes Dach und jeden Tag neu einige Sonnenstrahlen.

Abschluss-Meditation

In einem Lied über das Land Spanien heißt es: »Die Sonne scheint bei Tag und Nacht.« Wer bei diesem Lied mitsingt, der weiß sehr wohl, dass in Spanien die Sonne nicht Tag und Nacht scheint. Aber irgendwie hat diese Aussage auch einen Wahrheitsgehalt, nicht nur im Gedenken an heiße spanische Nächte, Urlaub und jeden Tag viel Sonne. Die Sonne scheint wirklich immer und zwar in irgendeinem Land oder Kontinent dieser Erde. Und das auch, wenn sie von Wolken verdeckt wird.

Von der Sonne wird auch gesprochen, wenn nach grauer Zeit ein Hoffnungszeichen zu sehen ist, wenn jemand ein »sonniges Gemüt« oder »die Sonne im Herzen« hat. Die Sonne ist mehr als Licht- und Energieträgerin!

❋

Ich glaube an die Menschlichkeit, auch wenn sie täglich und millionenfach von Folterknechten und nach Macht hungernden Menschen mit den Füßen getreten wird.

❋

Ich glaube daran, dass diese Erde die Kraft zur Erneuerung der verschmutzten Meere und der Luft hat, auch wenn die Zerstörung unserer Umwelt immer noch anhält.

❋

Ich glaube an die Kraft des Guten, auch wenn oft Hass und Unrecht Oberwasser haben.

❋

Ich glaube an einen liebenden Gott, auch wenn ich ihn oft nicht spüre und mich verloren fühle.

→ **Das Zitat zum Thema**

Es ist unmöglich, dass ein Mensch in die Sonne schaut, ohne dass sein Angesicht hell wird.
(Friedrich von Bodelschwingh)

Gold

Zugang

Das Gold gilt seit jeher als das edelste und kostbarste der Metalle und war schon immer als Schmuck die Nummer Eins. Es brachte aber auch den »Goldrausch« mit sich, und den »Tanz um das Goldene Kalb« gibt es auch heute noch. Andererseits wurde das Gold schon immer für entbehrlich und auch für vergänglich deswegen gehalten, weil es irgendwie immer zu beschaffen war.

Gold gilt trotz alledem heute noch als Inbegriff für Glanz, Reinheit und Beständigkeit. Siehe das Gold bei den Olympischen Spielen, bei (Ehe-) Ringen und als Weinkelch in der Liturgie.

50 – die goldene Zeit

Fünfzig ist in der Bibel die Zahl der Freude und des Festes. Der 50. Tag nach Ostern war bei den Hebräern ein fröhliches Erntefest und jedes 50. Jahr wurden die Sklaven befreit, die Schulden erlassen und ausgiebig ausgeruht, d.h. ein Sabbatjahr gehalten.

Die Zahl 50 feiern auch wir gerne: Das Pfingstfest findet 50 Tage nach Ostern statt. Besonders gefeiert wird, wenn zwei Menschen 50 Jahre verheiratet sind und somit das goldene Hochzeitsjubiläum feiern. Aber auch 50 Lebensjahre haben mit Gold etwas zu tun, oder wenn ein Verein oder eine Betrieb seit 50 Jahren besteht. Ein Grund, das Gold zu feiern!

Meditation der goldenen 50 Jahre

Die Bedeutung des Goldes kann in einer »Goldmeditation« innerhalb einer Feier neu erfahren werden.

Ich habe fünf kleine Glasbehälter mitgebracht, die ich nacheinander auf ein geschmücktes Podest stellen werde. Dabei soll mit den einzelnen fünf Jahrzehnten auf diese goldene 50 hingeführt werden, ähnlich wie die Jahre bei Hochzeitsjubiläen, die allerdings (zum Teil) unterschiedlich gedeutet werden.

Das erste Jahrzehnt: Holz

Das erste Jahrzehnt ist geprägt von Geburt und Kindheit, vom Wachsen und sich zurechtfinden. Daher werden diese ersten zehn Jahre auch oft mit dem Holz verglichen, das sich als »junges Holz« zur vollen Lebenskraft entwickelt.

Holz ist der älteste und wichtigste Werkstoff und symbolisiert die Weiblichkeit und das Tragen und Bergen.

In diesem kleinen Glasbehälter befindet sich ein Stück Holz eines jungen Baumes.

Das zweite Jahrzehnt: Rosen

Das zweite Jahrzehnt ist geprägt vom Erwachsenwerden und der Entfaltung. Wenn eine Rose die Blütenblätter öffnet, entfaltet sie ihren Duft und ihre Schönheit.

Im zweiten Glasbehälter sind getrocknete (oder frische) Rosenblütenblätter.

Das dritte Jahrzehnt: Kupfer

Das Kupfer steht für Licht und Leben und für alles aktiv Wirksame. Die Alchimisten bringen Kupfer in Verbindung mit dem Planeten Venus, dessen Natur als warm und feucht, mit Schönheit, Müßiggang und Wollust beschrieben wird.

Im dritten Glasbehälter befindet sich ein Kupferdraht in Spiralenform.

Das vierte Jahrzehnt: Silber

Silber wird besonders mit 25 Jahre Ehe gefeiert. Im Lebensalter steht es für das vierte Jahrzehnt.

In den Psalmen wird das Wort Gottes mit Silber verglichen und im christlichen Verständnis wird damit die Läuterung der Seele beschrieben. Im vierten Glasbehälter ist geschwungener Silberdraht.

Das fünfte Jahrzehnt: Gold

Im fünften Glasbehälter befindet sich reines Gold. Es ist aufgebauschtes Blattgold mit 24 Karat und von daher könnte man meinen, es sei ein strahlender Batzen Gold.

Gold ist Sinnbild des Heiligen und hat im Besonderen fünf Eigenschaften und Bedeutungen:

1. Glanz

Wir sehen das Gold im Licht glänzen und leuchten. In der Bibel wird besonders vom Glanz Gottes (Ps 50,2) und davon gesprochen, dass sein

Glanz war wie Licht (Hab 3,4). Wir alle warten darauf, dass diese Erde erleuchtet werde vom Glanz des Himmels (vgl. Off 18,1).

Mit 50 Jahren sieht man bei vielen Menschen in den Augen den Glanz der Reife und Menschlichkeit. Schaut euch N.N. an, dann seht ihr einen solchen Glanz!

2. Reinheit

Sprichwörtlich sagt man oft »rein wie Gold« und will damit zum Ausdruck bringen, dass etwas unvermischt ist. Ursprünglich bedeutete das Wort »rein« »gesiebt« und gerade das können wir von der Person sagen, die wir heute feiern. Was im Sieb hängen blieb ist das, was 50 Jahre so lebenswert machen.

3. Wert

Noch immer werden Sondermünzen in Gold geprägt und von denen gekauft, die ihr Geld als Goldwährung anlegen wollen. Dabei ist der Stempel wichtig, der den Feingehalt des Goldes angibt.

Je älter ein Mensch wird, desto wichtiger wird ihm das, was an Wert bleibt. Was aber macht den Wert eines Menschen aus, wenn er älter wird? Georg Christoph Lichtenberg schrieb einmal: »Ich fürchte mich nicht vor dem jüngsten Gericht. Ich fürchte mich vor meinen Enkelkindern. Wer vor ihnen besteht, hat nichts mehr zu fürchten.«

Wir wissen um das gute Verhältnis von N.N. zu den Enkelkindern und wünschen, dass das in den nächsten Jahrzehnten auch so bleibt.

4. Beständigkeit

Die Beständigkeit von Gold ist uns allen klar. Es kann von Luft und Säuren nicht angegriffen werden und es lässt sich nur mit dem sogenannten Königswasser – das ist ein Gemisch aus konzentrierter Salz- und Salpetersäure – auflösen.

Die Beständigkeit eines Menschen kommt schon allein durch 50 Jahre Leben zum Ausdruck. Und besondere Eigenschaften von N.N. sind Lebensmut und Lebenskraft, mit denen sie harte Krankheiten überwunden hat. Im Büro wissen wir, dass sie immer beharrlich und gewissenhaft eine Sache verfolgt.

5. Vollkommenheit

Mit 24 Karat ist Gold wohl rein und auch vollkommen. Aber nur in Verbindung mit anderen Metallen wie Silber oder Kupfer kann es verarbeitet und von uns gebraucht werden.

Vollkommenheit meint unübertrefflich und vollständig. Einen vollkommenen Menschen gibt es nicht und für Christen sind nur die Werke Gottes vollkommen (vgl. Ps 18,31), doch im 1. Johannesbrief werden wir aufgefordert, dass unsere Freude vollkommen sei.

Im Gold, das nun 50 Jahre symbolisiert und mit N.N. können wir sagen, dass heute unsere Freude mit ihm ist und diese ist vollkommen.

→ Das Zitat zum Thema

Es ist nicht alles Gold, was glänzt. Aber es glänzt auch nicht alles, was Gold ist.

(Friedrich Hebbel)

Regenbogen
– ein getanztes Sanctuslied –

Zugang

Der Regenbogen zählt zu den schönsten Naturerscheinungen und ist überall auf der Erde zu sehen. Er stellt mit seinen sieben Farben eine Ganzheitlichkeit und eine atmosphärische Lichterscheinung dar, die durch die Brechung, Spiegelung und Beugung der Sonnenstrahlen in Regentropfen entsteht.

Lobpreis: Jubilate Deo (Effata 1, Nr. 149)

Ihr kennt ja alle die Laola. Aber die ist fast schon out – wenigstens in dieser Form. Wir machen sie heute trotzdem. Aber eine Laola mit Farben und Esprit.

Vieles in unserem Leben können wir nicht greifen und begreifen oder mit Worten einfangen: Wenn sich zwei Menschen verstehen, das unverhoffte kleine Glück und Erfahrungen mit Gott. Auch den Regenbogen können wir nicht greifen und doch ist er immer da und manchmal können wir ihn bestaunen. Wir freuen uns dann. Er ist ein Symbol der Verbindung zwischen Himmel und Erde und er trägt alle Farben dieser Erde.

Ich möchte euch im Sanctuslied zu einem Regenbogentanz einladen. Er ist ähnlich einer Laola ausgerichtet und ich möchte das nun kurz erklären:

Alle Menschen mögen eine bestimmt Farbe mehr als die anderen. Bevor wir mit dem Regenbogentanz beginnen, sollst du dich für eine Farbe aus dem Regenbogenland entscheiden und dann erkläre ich die Tanzbewegungen. Ich sage also jetzt zuerst in Stichworten etwas zu den einzelnen Farben, damit sich alle die richtige Farbe suchen können.

Rot: Rosen, Lebenskraft, Eros, Abenteuerlust, aktiv, etwas verändern wollen.

Orange: frohe Stimmung, warmherzig, Offenheit, Lebendigkeit, Wissensdurst.

Gelb: Glanz, unternehmungslustig, Höhenflüge geistiger Ideale, sich bei etwas sonnen.

Grün: Harmonie, Heimat, Standfestigkeit, Selbstwertgefühl, wissen was man will.

Blau: Klarheit, Sehnsucht nach Treue und Reinheit, Zufriedenheit.

Indigo: Weisheit, witzig und charmant, höhere Ordnung, künstlerisch, Heil und Heilung.

Violett: Zärtlichkeit, Wehmut, Tiefe, Suche nach Sinn, Zauberwelt, reiches Innenleben.

Haben sich alle auf eine Farbe festgelegt? Also, es geht dann so:
Wir singen das Lied Jubilate Deo. Das können sicher alle und wir proben es auch noch.

Bei »Jubilate« stehen im Laola-Schwung alle auf, die Rot gewählt haben, bei Deo die mit Orange – und immer dann gleich wieder hinsetzen. Im Einzelnen:

Jubilate	Rot
Deo	Orange
omnes	Gelb
terra.	Grün
Servite	Blau
Domino	Indigo
in laetitia	Violett

Zum Schluss hin stehen dann auch alle anderen auf, man reicht sich über den Köpfen die Hände und dann schwingen wir:

Halleluja	nach rechts schwingen
halleluja	nach links schwingen
in laeti-	nach rechts schwingen
tia	nach links schwingen

und während des Ausschwingens sich wieder hinsetzen, denn es beginnt gleich wieder von vorne.

Dieses Schwingen am Schluss soll und kann uns zeigen, dass jede Farbe schön und bereichernd ist, aber im Miteinander aller Farben wird erst die Ganzheit und Harmonie sichtbar.

→ **Das Zitat zum Thema**

Die Arbeit läuft nicht davon, während du dem Kind den Regenbogen zeigst, aber der Regenbogen wartet nicht, bis du mit deiner Arbeit fertig bist.
(Herkunft unbekannt)

Rose

Zugang

Die Rose ist die Nummer Eins, wenn Blumen geschenkt werden. Mit der Rose verbinden die Menschen Liebe und Hochzeit, Verehrung und Dankbarkeit. So kommt es nicht von ungefähr, dass Rosen zum Andenken für später getrocknet werden und echtes Rosenöl zu den kostbarsten Duftnoten nicht nur für Frauen zählt.

Die Rose von Jericho

Sie ist in unserem Sinne keine Rose. Sie ist im Ruhezustand graubraun, und wenn sie sich rosettenhaft öffnet, trägt sie keine anderen Farben als grün. Aber die Menschen in der Wüste sehen sie als eine Rose und deshalb trägt sie auch diesen Namen. Und uns kann diese »Rose von Jericho« das aufzeigen, was wir mit Beständigkeit und Treue, mit Hingabe und Liebe in das Symbol der Rose legen.

Meditation der Rose

Eine »Rose von Jericho« liegt bereit. Wir sehen dieses braungraue, unscheinbare und tot erscheinende Knäuel.

Diese »Rose von Jericho« ist in ausgesprochen wasserarmen und tropischen Gebieten heimisch. Sie überdauert längere Zeit in lufttrockenem Zustand und wird bei erneuter Befeuchtung wieder grün und wächst weiter. Diese Pflanze lebt immer, sie geht nie ein.

Ich lege diese »Rose von Jericho« in eine Schale und begieße sie mit heißem Wasser. Nach kurzer Zeit können wir schon sehen, wie sie sich öffnet und zu grünen beginnt. Vor einer Stunde habe ich eine andere Rose in Wasser gelegt. Wir können diese bereits in voller grüner Pracht sehen.

Nur eine kurze Zeit zeigt uns diese Rose ihre »Blüte«. Dann muss sie wieder eintrocknen und sie kann viele Jahre überdauern, um dann wieder zu erblühen.

Das erfahren wir auch immer wieder so in unserem Leben oder in einer Beziehung. Es blüht etwas wunderbar und schön und nachher meinen wir, dass nun alles vorbei ist. Aber das muss nicht so sein. Wenn wir eine Rose zum Geburtstag geschenkt bekommen und diese dann trocknen und aufbewahren, wird sie uns ebenso an einen schönen Tag erinnern.

In den meisten Gärtnereien ist eine »Rose von Jericho« nicht vorrätig. Sie muss rechtzeitig bestellt werden!

→ **Das Zitat zum Thema**

Freunde, dass der Mandelzweig wieder blüht und treibt, ist das nicht ein Fingerzeig, dass die Liebe bleibt?
(Schalom Ben-Chorin)

ZEIT DES WACHSEINS

Duft

Zugang

Unser Leben und die Welt ist voll von Düften. Für viele Lebensbereiche
ist der Duft nicht wegzudenken und besonders im Tierreich vielfach unerlässlich: für die Futtersuche, zur Fortpflanzung und vieles mehr.

Besonders im Orient gehören Duftstoffe zum sozialen und religiösen
Leben. Bei uns galt einmal die Salbung mit Duftstoffen zu den her-
kömmlichen Empfangsbräuchen. Aber auch in der heutigen Zeit ist der
Duft noch vielfach bei Festen und bei Begegnungen mit dabei. Allerdings
findet er zumeist nur mehr Verwendung in (künstlich hergestellten) Par-
füms und ist (im negativen Sinne) in rauchgeschwängerten Versamm-
lungsräumen präsent.

Ein Duft-Gottesdienst

Zu Beginn bekommen alle eine duftende Blüte. Besonders geeignet sind
Lavendel, Rose, Maiglöckchen und Flieder.

Stehen mehrere Blüten zur Verfügung, so kann ausgewählt werden.
Gut und sinnvoll wäre es jedoch, wenn nur eine Duftnote beim Gottesdienst Verwendung finden würde.

✳

Der Raum soll sich mit Duft füllen.

Alle haben eine stark duftende Blüte erhalten. Wir unterstützen die Duft-
entwicklung in diesem Raum mit einer Duftlampe. Alle sind eingeladen,
den aufkommenden Duft in diesem Raum aufzunehmen und zu erleben.
Am besten wird es sein, wenn man dazu die Augen schließt. Alle können
so über die Nase zuerst den sich ausbreitenden Duft erspüren bzw. riechen und dann beobachten, wie er sich immer mehr ausbreitet und diesen Raum ganz und voll erfüllt.

✳

Allen Menschen und den meisten Tieren ist das Sinnesorgan des Riechens
gegeben. Diese wichtige Eigenschaft können wir jetzt einmal zwei Minuten lang meditieren und auf uns wirken lassen.

Man kann die Augen schließen, um etwas nicht mehr zu sehen.

Man kann sich die Ohren zuhalten, dann hört man nichts mehr.

Man kann dem Schrecklichen aus dem Weg gehen und nur das Schöne sehen.

Aber den guten und auch den ekelerregenden Düften kann sich niemand verschließen. Sie sind die Gefährten unseres Atems und strömen in unser Innerstes und in unser Herz. Dort können wir entscheiden über Ekel und Lust, über Zuneigung und Verachtung, über Liebe und Hass.

*

Matthäus 26,6

Als Jesus in Bethanien im Haus Simons des Aussätzigen bei Tisch war, kam eine Frau mit einem Alabastergefäß voll kostbarem, wohlriechendem Öl zu ihm und goss es über sein Haar.

*

Mit kostbarem, wohlriechendem Öl hat sich Jesus salben lassen. Als die Jünger deshalb unwillig wurden, entgegnete er: »Sie hat ein gutes Werk an mir getan.«

Es ist immer ein gutes Werk, wenn wir einen Duft verbreiten und weitergeben. Oder anders ausgedrückt, wenn wir jemandem etwas Gutes tun. Mehrere Dosen Salböl (am besten mit demselben Duft der ausgeteilten Blumen) mit einem Duftstoff stehen bereit. Nehmt davon und salbt euch gegenseitig! Dabei kann und darf man vorher fragen, an welcher Körperstelle der Duft aufgetragen werden soll, z.B. Stirn, Handrücken ... (Stehen mehrere Duftnoten zur Verfügung, so soll und kann ausgewählt werden)

*

Früher wollte man mit Weihrauch oder einem anderen Duft die Götter froh und gnädig stimmen. Der Gott, an den wir glauben, will weniger den Weihrauch und mehr eine Harmonie, die zwischen ihm und uns sein soll. Im modernen Sprachgebrauch sagt man dazu: Die Chemie muss stimmen!

Lasst uns beten zu unserem Gott, damit der Wohlgeruch Gottes unsere Herzen erreicht.

– Gott, du hast gute Düfte in diese Welt gegeben. Wir freuen uns darüber und wir wollen diese Düfte schätzen und ehren.

– Gott, du willst das gute Miteinander der Menschen und in der ganzen Natur. Darum wollen wir immer wieder eine gute Atmosphäre und einen guten Duft verbreiten und so ein Klima der Harmonie und Toleranz bringen.

- Mit manchen Menschen tun wir uns schwer und wir sagen dann gerne, dass wir jemanden nicht riechen können. Aber manchmal haben wir uns auch auf einen bestimmten Duft festgelegt und dann meinen wir, dass alles andere kein guter Duft ist. Gott, der du alle Düfte erschaffen hast, lasse uns das andere schätzen lernen, ohne das eigene aufzugeben.
- Manche Kirchenräume sind trist und es modert so dahin! Im wörtlichen und übertragenen Sinne. Wir wollen daher immer wieder Weihrauch und Licht für unsere Gemeinden und die Kirche bringen.

✳

Vieles in unserer täglichen Umgebung duftet. Besonders sind dabei die Nahrungsmittel zu nennen. Für diesen Gottesdienst haben wir verschiedene Brote mit verschiedenen Duft- bzw. Gewürznoten besorgt. Alle, die von mir aus gesehen links sitzen, sollen nun die verschiedenen Düfte beim Brot erriechen und dann einen Duft bzw. ein Brot mit einem Gewürz auszuwählen, dessen Duft sie am meisten schätzen.

Geht dann zu den Menschen auf der anderen Seite und sucht jemanden oder mehrere in diesem Raum, die denselben Brotduft mögen wie den, den ihr ausgewählt habt und teilt dieses Brot.

✳

Eine östliche Weisheit besagt, dass ein wenig Duft immer auf der Hand eines Menschen zurück bleibt, der eine Rose verschenkt. Wer ein Pferd hat oder betreut, weiß auch, dass der Geruch des Pferdestalles noch lange in den Kleidern hängen bleibt. Diesen Stallgeruch, den Duft aus diesem Zusammentreffen könnt ihr nun mitnehmen in euren Alltag.

- Ich wünsche dir und mir den süßen Duft einer Rose. Er soll unseren Alltag reich machen mit menschlichen Zuneigungen und mehr Liebe zwischen allen Menschen bringen.
- Ich wünsche dir und mir den beruhigenden Duft von Lavendel. Er gebe uns Gelassenheit und Stille, Ruhe und Toleranz.
- Ich wünsche dir und mir den himmlischen Duft des Flieders. Er soll uns immer wieder daran erinnern, dass wir nicht von dieser Erde sind und einmal von dieser Erde gehen.
- Ich wünsche dir und mir den berauschenden Duft von Maiglöckchen. Er soll uns in unserem Leben immer wieder die Kraft zu Neuem geben.

Dank sei Gott, der uns stets im Siegeszug Christi mitführt und durch uns den Duft der Erkenntnis Christi an allen Orten verbreitet. Denn wir sind Christi Wohlgeruch für Gott unter denen, die gerettet werden wie unter denen, die verloren gehen. (2 Kor. 2,14)

Adventliches Duftkabinett

Auf einem Tisch stehen Düfte bereit.
Entweder in Flaschen gefüllt oder in Duftsäckchen.
Ohne Reihenfolge sollen nun alle durch das Riechen erkannt werden. Die Anfangsbuchstaben aller Düfte sollen dann in eine Reihenfolge gebracht werden, so dass ein kurzer Jesaja-Text entsteht.

A	Amaretto oder Anis
U	Underberg oder Uhu
F	Fenchel (Teebeutel)
W	Weihrauch
E	Eukalyptus
R	Rose oder Rosmarin
D	Dill oder Datteln
E	Estragon
L	Lavendel oder Lindenblüten
I	Ingwer
C	Cognac
H	Himbeere (Saft, Likör)
T	Teebaumöl oder Thymian

Eventuell ein paar Buchstaben im Lückentext vorgeben.

→ **Das Zitat zum Thema**
Etwas Duft haftet immer an der Hand, die anderen eine Rose schenkt. (aus China)

Spiegel

Zugang

Auf Grund der abbildenden und reflektierenden Funktion galt der Spiegel schon immer als ein Symbol der (Selbst-) Erkenntnis, der Klarheit und des Bewusstseins. Wer in einen Spiegel schaut, erfährt zunächst die Wahrheit über seinen momentanen Zustand, aber man kann auch vor einem Spiegel sich seiner Schönheit vergewissern bzw. davor stehend sein Äußeres verbessern.

»Jemandem einen Spiegel vorhalten« heißt dann im übertragenen Sinne, Wahrheiten aufzuzeigen. Und eine Volksweisheit besagt, dass die Augen der Spiegel der Seele sind.

Zum Einstieg: Spiegelspiel

Die Anwesenden stellen sich im Raum verteilt auf. Ich gehe aus dem Raum, lasse einen Spiegel zurück und bitte darum, dass jemand aus dem Kreis in meiner Abwesenheit auf den Spiegel hauchen soll. Dann werde ich hereingerufen. Ich nehme den Spiegel zur Hand, schaue forschend auf den Spiegel und lasse dann jemanden aus dem Kreis mit dem linken kleinen Finger über den Spiegel streichen. Ich schaue wieder forschend auf den Spiegel und dann lasse ich wieder jemanden über den Spiegel streichen. Und so mache ich weiter. Irgendwann werde ich wissen, wer in meiner Abwesenheit auf den Spiegel gehaucht hat.

Lösung: Ich habe mich mit jemandem aus dem Kreis verabredet. Diese Person streicht als nächste über den Spiegel (bzw. macht sich entsprechend bemerkbar), nachdem die zu suchende Person über den Spiegel gestrichen hat.

Meditative Spiele mit dem Spiegel

1 *Alle oder einige halten einen kleinen Spiegel in der Hand und man kann sich darin betrachten. Dann wird der Raum verdunkelt und es soll Stille einkehren.*

Die Menschen des Altertums sprachen jeder reflektierenden Oberfläche, ob fest oder flüssig, geheimnisvolle Kräfte zu, denn sie hielten das Spiegelbild für einen Teil der Seele.

✳

Wenn es ganz dunkel ist, können wir nichts mehr sehen. Auch der Spiegel in der Hand hilft uns da nicht weiter. Brauchen wir aber wirklich einen Spiegel, um in uns selbst hineinsehen zu können, ob etwas fehlt?

*

Der Spiegel in unserer Hand erinnert an das Märchen von Schneewittchen. Die Königin will die Schönste im Lande sein, aber tappt im Dunkeln und im Ungewissen. Immer wieder befragt sie den Spiegel, ob sie noch die Schönste im Lande ist. Und der Spiegel sagt immer die Wahrheit. Er sagt auch die Wahrheit, als Schneewittchen von einem Apfel vergiftet im gläsernen Sarg liegt.

*

Wie die Königin im Märchen wollen auch wir oft gerne wissen, was läuft oder nicht läuft, was Sache ist und was notwendig wäre. Wer bringt uns diese ganze Wahrheit? Welchen Spiegel können wir befragen?

2 *Jemand leuchtet mit einer kleinen Taschenlampe auf seinen Spiegel und lässt den Lichtstrahl im Raum kreisen. Dann wird versucht, mit diesem Lichtstrahl bei einigen Personen auf die Gesichter zu treffen*
– Kurze Pause –

Wer eben gerade von einem Lichtstrahl getroffen wurde, war geblendet und konnte nichts anderes als Licht sehen. Ein Licht reicht nicht aus, um zu einer Erkenntnis oder zu einem Wissen zu kommen. Oder anders ausgedrückt: Das Licht kann man spiegeln, aber nicht Gegenstände oder Menschen.

*

Spiegelbilder und Spielereien mit dem Spiegel sagen uns noch sehr wenig über uns selbst!
– Kurze Pause –

3 *Die Verdunkelung wird langsam zurückgenommen und normale Lichtverhältnisse kehren ein.*

Bei normalen Lebens- und Lichtverhältnissen können wir klar sehen und auch uns im Spiegel betrachten. Wer mag, kann sich besonders seine Augen im Spiegel ansehen und der sprichwörtlichen Aussage nachgehen, wonach die Augen der Spiegel der Seele sind.

*

Bei der letzten Übung mussten wir den Spiegel sehr nahe an unser Gesicht heranführen. Da stellt sich die Frage, ob wir uns bei dieser Nähe wirklich gut und besser sehen. Im übertragenen Sinne: Nur in entsprechendem Abstand und in Distanz können wir mehr von uns erfahren!

*

Wer die Sichtbehinderung hier spielerisch nachvollziehen möchte, kann auf seine Spiegeloberfläche kräftig ein- bis dreimal hauchen.
So ist es oft im Leben: Dunst und Tränen scheinen uns die Sicht zu nehmen; Nebelschleier verstellen uns die Wege.

4

Ich habe einen größeren und einen schon ausgedienten alten Spiegel mitgebracht. Ich gebe diesen nun herum. Alle können sich nacheinander darin einzeln betrachten.

*

Diesen alten und nicht mehr so recht verwendbaren Spiegel breche ich nun in mehrere Stücke. Alle können dann ein kleines Spiegelstück nehmen und wir können feststellen, dass sich nun jede und jeder in diesem kleinen Stück Spiegel sieht.

*

Technisch lässt sich dieses Phänomen leicht erklären. Doch kann uns diese Spielerei auch zeigen, dass das Spiegelbild vielfältig und immer gegenwärtig ist.

→ **Das Zitat zum Thema**

Nichts bewahrt uns so gründlich vor Illusionen wie jeden Morgen ein Blick in den Spiegel.
Aldous Huxley

Sinne

Zugang

Die Sinne sind tägliche Begleiter der Menschen. Ohne sie ist ein Leben mit Sinnerfahrung nicht möglich. Und die Sinne sind wiederum eng verknüpft mit dem Sinn des Lebens, denn durch sie können sich die Menschen entfalten und ihre Ziele verfolgen.

Zum Probieren und Nachdenken ... im Raum oder im Freien.

A. Vertrauen

Hinführung

Es gibt mehr als fünf Sinne! Etwas ist beispielsweise im Leben eines jeden Menschen ganz wichtig und das ist das Gespür und die Erfahrung des Vertrauens.

Ohne Vertrauen könnten wir nicht leben. Ich muss z.b. darauf vertrauen, dass der von der Seitenstraße Kommende mir die Vorfahrt lässt. Oder: Es ist ganz schlimm für einen Menschen, wenn aus einem vertrautem Gespräch etwas weitergeplaudert wird.

Aktion

Gib während der Zeit unseres heutigen Beisammenseins jemandem im Kreis etwas, was dir ganz wichtig ist. Vertraue es ihm oder ihr an!

Abschluss

Erst nach Beendigung des heutigen Tages/Abends erfolgt die Rückgabe.

B. Hören

Hinführung

Fachleute sagen uns, dass nur 7 Prozent vom eigentlichen Inhalt des Gesprochenen ankommt. 38 Prozent von dem, was unser Ohr aufnimmt, wird über die Stimme und Stimmlage vermittelt und sogar 55 Prozent über den Körper, seine Signalwirkung und wie sich der Mensch darstellt.

Aktion
Wir können jetzt ausprobieren, wie das gesprochene Wort wirkt. Wir gehen zu zweit. Eine Person ist »blind« und lässt sich nur über das gesprochene Wort des anderen führen.

Zum Beispiel bis zur Mitte des Dorfes – und dann Wechsel.

Abschluss
Es gibt jemanden, der hört mir zu.
Es gibt jemanden, dem oder der ich wichtig bin.
Es gibt mein Denken und auch die innere Stimme.
Ich will darauf achten, nur das zu sagen, was mir selbst wichtig ist oder für jemand anderen.
Und besonders das will ich sagen, was anderen nützt.

C. Greifen
Hinführung
Was wäre, wenn wir nur auf das angewiesen wären, was wir mit unseren Händen ertasten können? Beim Tasten und Greifen verlassen wir uns oft auf das Fingerspitzengefühl und nicht selten fahren wir damit ganz gut. Es gibt Tiere mit einem noch viel größeren Tastsinn. Beispielsweise der Kiebitz, der mit dem Vibrationssinn seiner Füße einen Wurm orten kann, der zehn Zentimeter unter der Erde ist.

Der Mensch hat etwa 500.000 Berührungsrezeptoren und drei Millionen Schmerzrezeptoren. Einfach fan-tast-isch!

Aktion
Wir könnten mit unserem Tastsinn etwas ausprobieren: Alle gehen im Gänsemarsch und mit geschlossenen Augen. Dabei fassen sich alle an den Händen.

Die Leitung geht vorne und hat die Augen offen.

Abschluss
Jeden Tag träume ich davon,
dass jemand auf mich zugeht und mich versteht.
Dass ich mich einhaken kann und dass mir jemand die Hand reicht.
Dass jemand ein kleines Stück Weg mit mir geht;

meine Hand nicht loslässt, wenn ich ihn oder sie brauche,
und dass ich nicht alleine bin, wenn es Nacht ist.

D. Schweigen

Hinführung

Ein Mensch spricht durchschnittlich am Tag 25.000 Wörter aus. Soll das wirklich wahr sein?

Manchmal nehme ich mir vor, auch nur das zu sagen, was notwendig ist und ich stelle dann fest, dass ich trotzdem viel zu viel geredet habe.

Aktion

Schweigend durch den Ort oder bis zur Berghöhe gehen.

Abschluss

Die großen Taten der Menschen sind nicht die, welche lärmen. Das Große geschieht so schlicht, wie das Rieseln des Wassers, das Fließen der Luft, das Wachsen des Getreides.

(Adalbert Stifter)

Glas

Zugang

Das Glas ist geprägt von Glätte, Festigkeit und Durchsichtigkeit. Es ist beständig gegen Chemikalien, Strom isolierend und schmilzt bei 600 Grad Celsius. Glas ist heute unerlässlich im Hausbau und wird besonders geschätzt für Schmuck und Kristalle, für Spiegel und Trinkgläser.

In der Imagination wird das Glas für Zerbrechlichkeit und Überempfindlichkeit gesehen. Es entspricht dem unsichtbaren und doch wirklichen, aber nicht greifbaren Wesen der magischen Welt.

Glas – Spiel und Meditation

Eine größere Glasscheibe wird in der Mitte des Raumes auf einen Tisch gestellt. Je nach Gegebenheit können oder sollen zwei Personen diese in senkrechter Stellung halten.

a

Zwei Personen gehen beidseitig an das Glas heran. Wir probieren etwas mit unseren Sinnesorganen.

Tasten: Legt bitte eure Handflächen an das Glas! Ganz nah sind sich zwei Menschen. Sie können sich sehen, aber diese dünne Glasscheibe verhindert eine Berührung.

Hören: Eine Glasscheibe hält den Schall nahezu völlig ab. An dieser Glasscheibe prallt der Ton ab. Probiert das bitte einmal!

Riechen: Kein Geruch von Parfüm, Zigarettenrauch oder ein eventueller Mundgeruch kann von der einen auf die andere Seite kommen.

Sehen: Die beiden können sich sehen. Aber irgendwie ist es, als wären beide in einer anderen Welt. Ein Glas lässt alle Dinge durchschauen, ohne selbst Schaden zu nehmen.

b

Mit Glas verbinden wir aber trotzdem am meisten das, was mit dem Sehen umschrieben werden kann. In der chilenischen Hauptstadt Santiago de Chile sorgte ein gläsernes Haus für Aufregung. Besonders morgens versammelten sich dort applaudierende Männer und auch erzürnte Ehefrauen. Man sah alsbald eine junge Schauspielerin nackt unter der Dusche.

Sie wusch sich die Haare und zog sich dann vor den vielen vor der Glaswand stierenden Augen langsam an. Das Projekt sollte die Menschen zum Nachdenken über die Grenzen zwischen dem häuslichen und dem öffentlichen Leben bringen.

c
Hell und Dunkel

Wer selbst im Licht sitzt, kann die im Dunkeln nicht sehen. Das erfahren wir, wenn wir von außen durch die Fensterscheibe in ein Haus schauen wollen. Dunkelheit kann schützen und verbergen, aber auch in die Isolation verschwinden lassen.

Wir probieren das aus. Links in diesem Raum lassen wir einen Strahler von oben nach unten leuchten. Rechts ist es dunkel. Wir erleben, dass man im Licht nicht oder nur schlecht in das Dunkle sehen kann.

d

Wir legen auf der Schattenseite zusätzlich noch eine schwarze Folie an das Glas. Wer von der anderen Seite nun an das Glas tritt, sieht sich selbst im Spiegel. (vorher ausprobieren!) Das kann uns ein Sinnbild dafür sein, dass man nur sich selbst sieht, wenn man im eigenen Licht steht. Und: Dunkelheiten lassen immer die Außenwelt und auch Leben verschwinden!

→ **Das Zitat zum Thema**

Glück und Glas, wie leicht bricht das.
(Redensart)

Kerze

Zugang

Die Kerze spielt im Zeitalter der virtuellen Welt eine noch größere Rolle als damals, als es noch kein elektrisches Licht gab. Es geht geradezu davon eine Faszination aus im Advent oder bei einer Taufe.

Die Menschen machen dabei nicht nur die Erfahrung, dass eine brennende Kerze Insekten vertreibt. Eine Kerze steht besonders für Fest und Trauer, für Romantik und Spiritualität.

Alles, was mir zur Kerze einfällt

In der Mitte des Raumes liegen ein großes Plakat und Stifte bereit. Ohne zu sprechen besteht nun die Möglichkeit, alles auf das große Blatt zu schreiben, was jemandem zu Kerze einfällt. Zum Beispiel:

Taufe, Kerzenschein, Kerzenständer, Advent, Fest, Kerzenziehen, kerzengerade, romantische Schlossbeleuchtung, Martinslaterne, Lichterkette, Grablicht, Teelicht, Schwimmkerze, Christbaum, Kirche, Bienenwachs, Wetterkerze, Opferkerze usw.

Anschließend besteht die Möglichkeit zum Schauen und Lesen – falls das nicht schon während der Aktion geschehen ist.

Drei Lebenskerzen

In fast allen Kulturen und Religionen werden Kerzen für besondere Ausrichtungen und Anliegen entzündet. In früheren Zeiten wollte man dabei vorwiegend die unguten Geister fern halten. In der heutigen Zeit ist das Bedürfnis, ein Licht für etwas Bedeutendes und Wichtiges anzuzünden, ungebrochen.

Drei größere Kerzen werden nun nacheinander entzündet. Jede wird zu einer besonderen Kerze »getauft«, die jeweils für tragende Lebenshintergründe stehen.

1. Die Kerze der Beziehungen

Wir nennen diese die Kerze der Beziehungen und denken an das vielgestaltige Miteinander der Menschen. Alle suchen nach geglückten Bezie-

hungen, nach Freundschaft und Liebe und sind bereit, dafür viel zu geben. So soll diese Kerze für alle guten Beziehungen stehen. Aber auch für das, was nicht immer gelingt: Oft schleichen sich Misstrauen und Streit ein. Fast jede zweite Paarbeziehung scheitert und manchmal ist das Geld wichtiger als die Freundschaft.
Wir entzünden nun die Kerze der Beziehungen.

2. Die Kerze des Leids

Diese Kerze werden wir für das entzünden, was in dieser Welt an Leid getragen wird: Krankheit und Einsamkeit, Tod und Trauer, Unfälle und Angst, Hunger und Naturkatastrophen, Lieblosigkeit und Hass.
Wir entzünden nun die Kerze des Leids.

3. Die Kerze der Zukunft

Wir könnten sie auch die Hoffnungskerze nennen, denn Hoffnung und Zukunft gehören zusammen. Die Hoffnung auf eine Zukunft in Frieden; die Hoffnung auf mehr Gerechtigkeit in dieser Welt; die Hoffnung auf sichere Arbeitsplätze, Gesundung der Umwelt und vieles mehr.
Wir entzünden die Kerze der Zukunft.

Teelichter liegen bereit. Alle sind nun eingeladen, sich von einer dieser drei Kerzen das Licht zu holen. Wer mag, kann seine Aussage oder den Wunsch auch laut sagen.

Wenn man drei verschiedenfarbige Kerzen verwendet und dazu Teelichter mit denselben Farben, besteht die Möglichkeit, von allen Kerzen ein Teelicht zu entzünden.

– Musik und Verweilen in Stille –

→ **Das Zitat zum Thema**

Alle Lichter, die wir anzünden, zeugen von dem Licht, das da erschienen ist in der Dunkelheit.
(Friedrich v. Bodelschwingh)

ZEIT DER WANDLUNGEN

Scherben

Zugang

Bei dem Ausdruck »Scherben« werden wir unweigerlich daran erinnert, dass etwas zerbrochen ist. Das kann eine Vase sein, eine Beziehung oder das Glück.

Die Redewendung »Scherben bringen Glück« hat ihren Ursprung in der früheren Vorstellung, wonach alles Lärmende das Böse, die Hexen und Unholde vertreibt. Mit diesem Hintergrund wird auch noch heute bei einem Polterabend altes Porzellan zertrümmert, um von dem jungen Paar alles Unheil abzuwehren. Weil das Glas Symbol für das Glück ist, darf kein Glas zerbrochen werden.

Das Spiel zum Thema

Drei Personen treten auf. Eine Person hat eine Flasche Wein oder Sekt mitgebracht und macht nun deutlich, dass man aus gegebenem Anlass jetzt feiern will.

Aber es sind keine Gläser vorhanden. Eine Person will daher vom Nebenraum Pappbecher holen. Es soll sich ein kurzes Gespräch entspinnen, ob man wirklich diese will. Oder aus der Flasche trinken u.ä.

Schließlich werden Gläser geholt. Es wird eingeschenkt und mit einem Prosit lässt man die Gläser klingen.

In diesem Augenblick wird von einer außenstehenden Person etwas zugerufen. Man wendet sich in diese Richtung, bei zwei Personen geschieht dabei eine ungeschickte Berührung und ein Glas fällt klirrend zu Boden *(am besten dazu ein bereits ausgemustertes oder beschädigtes Glas verwenden)*.

Eingabe 1

So ist es im Leben: Immer wieder geht etwas zu Bruch und dann folgt das Scherbengericht. In den meisten Fällen geschieht das nicht bewusst und gewollt. Oft in unserem Leben, in den Beziehungen und dem täglichen Miteinander, geschehen Verletzungen und entstehen Scherben aus Unachtsamkeit oder Unwissenheit. In den meisten Fällen stehen sogar gute Absichten dahinter, aber irgendwie, und weil noch andere Dinge mit herein spielen, geht etwas Schönes zu Bruch.

Eingabe 2

Eine größere Glasscherbe vom Boden aufheben.

Wer kennt nicht die Gefährlichkeit einer Glasscherbe! Im Hantieren kann ich mich damit schnell selbst verletzen. Oder wenn aus Unachtsamkeit Glasscherben z.B. im Freibad liegen. Und manchmal geschieht es auch, dass jemand eine Flasche zertrümmert und mit dem Glasstumpf auf jemanden losgeht.

Eingabe 3

Scherben bringen Glück! Aber damit hat man in früheren Zeiten immer nur die Scherben von Porzellan und Keramik gemeint, die beim Bruch Lärm erzeugten und somit die bösen Geister vertrieben. Das Glas war besonders wertvoll und mit ihm wurde achtsam umgegangen.

Eingabe 4

Vielerorts wird beim Polterabend altes Geschirr zu Scherben geworfen. Wichtig und hintergründig ist aber, dass alle Scherben vom Hochzeitspaar gemeinsam auf- und zusammengekehrt werden. Damit soll zum Ausdruck kommen, dass beide in ihrer Ehe immer zusammen helfen müssen, wenn Zerbrochenes wieder heil werden soll.

Eingabe 5

Auch bei uns sind vorhin Scherben entstanden. Und jetzt stehen wir vor der Frage, ob wir diese Sache wieder bereinigen können. Oft können wir in unserem Leben etwas Geschehenes nicht einfach so stehen lassen, darüber hinweggehen oder einfach ein neues Glas holen.

Doch kann aus Scherben wieder etwas Ganzes werden! Wenn beispielsweise statt Schuldzuweisungen Verständnis gezeigt wird und jeder einmal einen Fehler machen darf.

Eingabe 6

Auch diese Glasscherben können wieder zu einem Trinkglas werden. Sie müssen allerdings dazu erst eingeschmolzen werden. Übertragen auf das Leben kann das bedeuten, dass man manchmal Festgeformtes auflöst und das kann heißen: Nicht alles muss vollkommen sein, Vorurteile abbauen, keine Schadenfreude haben. Und man muss sich einlassen auf das Gespräch, auf Verzeihen und auch auf Zorn. Auch wenn es dabei manchmal feurig und hitzig wird wie beim Schmelzen des Glases. Wärme und Hitze können auch neu formen, alles Unreine wird abgeschieden.

Abschluss
Zum Zeichen dafür, dass Zerbrochenes wieder heil gemacht wird, kehren alle drei Personen vom Eingangsspiel gemeinsam die Scherben auf und trinken dann nacheinander aus einem herbeigebrachten Glas.

→ **Das Zitat zum Thema**
An den Scherben erkennt man den Topf.
(Sprichwort)

Gezeiten

Zugang

Wir Menschen sind alle eingebettet in die Strömungen unserer Umgebung und der Natur, in das Kräftespiel von Wind und Naturerscheinungen, von Nacht und Aufbruch, von Mond und Sonne.

Wenn wir am Strand liegen, können wir im kleinen Stil und in kurzen Abständen das Aufsteigen der Wellen beobachten, hören und erleben – und dann, wie diese wieder in sich zusammenfallen und verebben.

Hinführung

Warst du schon einmal in Hamburg? Und kennst du das Lied: Hamburg ist ein schönes Städtchen, weil es an der Elbe liegt ...

Dieser kraftvolle Strom Elbe verbindet Hamburg mit der Nordsee und die Menschen hier leben im Einflussbereich vom Meer, vom Welthandel und auch von den Gezeiten. Schiffe können beispielsweise mit Hilfe der Flutströmung schneller und leichter den Hafen in Hamburg erreichen.

Meditation der Gezeiten

Gezeiten, – jeden Tag und immer erfahren wir das an uns selbst: Ich möchte vier »Gezeiten« aus und in unserem Leben bringen:

- Hell und Dunkel
- Arbeitstag und Sonntag
- Mai und November
- Aufbrechen und Ankommen

1 Gezeit: Hell und Dunkel

In Indien glaubt man, dass die stärksten Kräfte in der Morgendämmerung pulsieren. Besonders am Vormittag können wir viel Energie entwickeln, doch in der Nacht steigen wir ab und unsere Schaffenskraft verebbt.

Jetzt um diese Tageszeit oder nachmittäglichen Zeit sind wir in einer aktiven Phase. In der aufsteigenden Phase der Flut!

Ich spüre, wie in mir das Leben pulsiert. Auch um mich herum: hier in diesem Raum und draußen. Meine Sinne sind hellwach. Ich bin voll aufsteigender Kraft und Energie.

Manchmal ist es auch anders: Ich fühle mich niedergeschlagen, zurückgedrängt, mutlos, keine Flut ist in Sicht – nur Ebbe.

Ich lade dich ein, diesem Gefühl jetzt einmal nachzuempfinden: Ich lasse mich fallen und lasse bewusst die Schultern herunterhängen. Den Kopf lasse ich nach vorne durchfallen und wie zusammengekauert sitze ich da. Mir kommt eine Situation aus den letzten Wochen in den Sinn, die mich so niedergedrückt hat.

Ich bin in Erwartung der Flut. Ich spüre ein Kribbeln in allen Zehenspitzen – in allen Fingerspitzen. Eine unbekannte Energie ergreift mich, durchflutet mich. Mit jedem Atemzug spüre ich die Wellen aufsteigender Kraft.

Das Aktivsein und das Ruhen werden im Tagesrhythmus auch mit Hell und Dunkel geregelt. Der Schlaf ist immer ein Sich-aufgeben, ein Sich-anheim-stellen. Das wache Ich ruht für eine Nacht oder für Stunden. Und richtig schlafen kann nur, wer vertrauen kann, wer sich der Nacht anvertrauen kann im Wissen, dass ein neuer Morgen kommt. Die Nacht ist die Ebbe nach dem Wachsein und dem Tag, in der Verletzungen heilen und brennende Fragen in Träume umgewandelt werden.

Wenn ich heute vor oder nach Mitternacht schlafen gehe, werde ich mich bewusst in diese Ebbe nach dem Tage fallen lassen.

2   Gezeit: Arbeitstag und Sonntag

Wenn jeder Tag Werktag wäre, dann gäbe es keinen Sonntag. Das Gesetz des Lebens, das Gesetz des Schöpfers ruft uns am Sonntag zur Ruhe und zur Heiligung unseres Daseins. Am Sonntag soll die Zeit gefeiert werden und die Würde unseres Menschseins. »Der Sonntag soll ein Tag sein, an dem mehr die Glocken läuten als das Telefon.« (nach Thomas Romanus) Heute ist Samstag, der Vortag und Vorbereitungstag für den Sonntag. Ich denke an meine Sonntage im Jahr, gehe für mich durch, was mir künftig an Sonntagen wichtig ist: Loslassen, Gottesdienst, hübsche Kleider, gemeinsames Essen, nur das Notwendigste tun, spazieren gehen, Besuche, gutes Essen, Haus- und Haushaltsmaschinen ruhen lassen, feiern, beten.

3   Gezeit: Mai und November

Wer mag nicht die Jahreszeit der aufsteigenden Säfte? Wenn die Vegetation blüht und treibt?

Diesen Anfang und diesen Aufbruch erleben wir jedes Jahr, immer neu diese aufsteigende Kraft in Gottes Schöpfung.

Ich möchte dazu einladen, die Gezeiten des Jahreslaufs im Kreise dieses Raumes mitzuerleben.

Stellt euch vor, dass an dem Punkt, wo ihr euch gerade befindet, der Standpunkt Ostern im Jahreskreis ist. Ostern als Symbol des Lebens und der Auferstehung. Im Rundgang wäre dann jeweils ein Viertel im Kreis der Sommer, dann der Herbst, Weihnachten, Winterszeit und wieder geht es auf Ostern zu, eurem bisherigen Platz.

Mit halb geschlossenen Augen gehen wir im Kreise im Uhrzeigersinn und fühlen uns im Gehen in die jeweilige Jahreszeit ein.

Ich gebe dazu zweimal Impulse und zwar zum Zeitpunkt Mai und dann im November.

Mai
Aufbrechen – Wachstum – Farbenvielfalt, Frühlingsdüfte – warme Sonnenstrahlen – grüne Felder und Wiesen – Hoffnung – laues Frühlingslüftchen.

November
Weisheit – Warten und Ruhen – Vollendung und Reife – Raureif und frostiger Wind – Erde ruht unter der Schneedecke – Rückzug in das Winterquartier.

4 Gezeit: Aufbrechen und Ankommen
In der Midrasch, der rabbinischen Schriftauslegung können wir folgenden Text lesen: Wenn der Mensch geboren wird, hat er die Hände zusammengeballt, als wollte er sagen: »Ich erobere die Welt«. Wenn er stirbt, sind seine Hände ausgestreckt, als wollte er sagen: »Ich habe nichts zurückgehalten, alles gehört dir, o Gott.«

Wie schade finden wir es immer, wenn ein junger Mensch oder eine Mutter mit kleinen Kindern sterben muss. Noch im Aufbruch und mitten im Leben.

So etwas haben wir vielleicht schon einmal im Kleinen erfahren, wenn wir zu einer Reise aufgebrochen sind und dann aus einem dringenden Grunde abbrechen mussten. Ist jedoch eine Reise zu Ende, sind wir zufrieden; meistens auch müde und wir ruhen. Wie bei einer abfallenden Flut des weiten Ozeans gehen wir in uns selbst zurück und lassen los. Viele Jahre sind wir im Aufbruch und voller Schaffenskraft. Dann setzt allmählich die Ebbe ein.

Das können wir auch für das ganze Leben übertragen. Franz Kafka sagte einmal: »Todesangst ist nur das Ergebnis eines nicht erfüllten Lebens.« Und das heißt: Wer die Reife des Lebens und den Tod nicht annehmen kann, ist mit seinem Leben noch nicht zufrieden und hat vielleicht auch immer schon Angst vor dem Leben gehabt – oder noch immer!

Ich möchte jetzt abschließend dazu einladen, in Fantasie dem Aufbrechen und einem neuen Ankommen Raum zu geben.

Flut

Ich sitze am Meer. Es ist früh am Morgen und ich sehe, was die Wellen der letzten Nacht an den Strand gespült haben.

Ich kann jetzt all das sehen, was ich in meinem Leben schon geschaffen habe. Dabei muss ich den toten Fisch oder den Müll nicht übersehen, aber ich konzentriere mich auf die Dinge, die schön und positiv sind. Ich erlebe die aufbrausenden Wellen und dann das Zusammenfallen, den Rückzug. Fast wie in meinem Leben!

Ebbe

Wer Ebbe und Flut nicht achtet, kann darin umkommen!

Besonders wenn die Flut kommt, muss man das rettende Ufer suchen. Lasse in dir nun die Bilder aufsteigen, die vom Ufer erzählen. Was habe ich alles schon erreicht im Leben? Was war mir schon Ufer und Ziel? Was Erfüllung und Glück?

Zum Verweilen und Nachdenken läuft Musik, evtl. mit dem Rauschen des Meeres.

Abschluss

Alles hat seine Zeit
der Aufbruch und das Ziel
das Wachsen und das Vergehen
das Fließen der Kraft und das Loslassen

die Flut und die Ebbe
In Gott ist alles Anfang und Ende.
Gehet nun in die Fluten eures Lebens
und dann auch wieder in die Ebbe eurer Heimat.

→ Das Zitat zum Thema

Das Altern ist wie eine Woge im Meer. Wer sich von ihr tragen lässt, treibt obenauf. Wer sich dagegen aufbäumt, geht unter.
(Gertrud von Le Fort)

Alkohol

Zugang

Alkohol ist die Volksdroge Nummer eins und bei manchen Kindern und einem ansehnlichen Teil der Jugendlichen ist Alkohol bereits zur »Sucht« geworden. Das ist die eine Seite. Die andere Seite wird immer wieder betont und ist auch mehrfach wissenschaftlich bewiesen: Ein »moderater Alkoholkonsum« geht einher mit einer deutlich erniedrigten Rate an tödlichem Herzinfarkt. Das kann von anderen »Drogen« wie zum Beispiel Nikotin nicht behauptet werden. Die gängige Volksmeinung ist daher berechtigt: Ein Gläschen in Ehren kann niemand verwehren.

Verwandlung
So viele Menschen suchen eine Verwandlung:
✳
Von der Gehemmtheit zur Hemmungslosigkeit
und manche werden dann hemmungslos.
✳
Von der Normalität zum Außergewöhnlichen
und manche zeigen sich dann mehr als außergewöhnlich.
✳
Vom Starrsinn zur Offenheit
und manche öffnen sich dann mehr als sie eigentlich wollen.
✳
Von der Abhängigkeit zur Freiheit
und manche nehmen damit auch ihren Mitmenschen die Freiheit.
✳
Von der Ablehnung zur Anerkennung
und manche ernten aber nur Aberkennung.

Herr, befreie mich
von der Habsucht zum Sein ohne Schein,
von der Trunksucht zu einem Geist, der lebendig macht,
von der Geltungssucht zur Zufriedenheit,
von der Ichsucht zum Du,

von der Eifersucht zum Eifer und der Suche nach Heil,
von der Drogensucht zu einem Leben voller Freude,
von der Genusssucht zu einem Genießen im Stillen,
von der Esssucht zu einem Leben in Fülle,
von der Berieselungssucht zum Eigentlichen,
von der Sammlersucht zu dem, was wichtig ist,
von der Spielsucht zum absichtslosen Spiel,
von der Modesucht zur Einfachheit,
von der Sucht, immer erreichbar zu sein, zum gebührenden Abstand,
von der Reisesucht zur Heimat,
von der Selbstsucht zur Suche nach dem Nächsten,
von der Gewinnsucht zur Bereitschaft zum Geben,
von der Geschwindigkeitssucht zum Reiseerlebnis,
von der Nikotinsucht zum Atem der Natur,
von der Tablettensucht zu einem unabhängigem Leben.

Darauf trinken wir

Wir trinken gerne auf die Gesundheit eines Menschen, auf ein gutes neues Jahr, wenn jemand Geburtstag hat oder nach einer Prüfung.

Wenn der Kreis untereinander vertraut und nicht zu groß ist, dann kann zu folgendem »Trink – Spiel« eingeladen werden:

Alle können sich aus den oben genannten Aussagen eine heraussuchen, die für sie wichtig ist. Im Laufe des Zusammenseins kann jemand seine Aussage einbringen und vielleicht noch etwas dazu sagen. Dann trinken alle darauf, dass dieser Wunsch in Erfüllung gehen mag.

Abschluss

Herr, verwandle uns:
von der Müdigkeit zur Wachheit,
von der Erschöpfung zum schöpferischen Handeln,
von den Prinzipien zur Verantwortung,
vom Starrsinn zur Flexibilität,
von den Vorurteilen zur Wertschätzung,
von meinem Egoismus zur Solidarität.

Wer verwandelt mich
von der Sucht zur Sehnsucht?

Zum Nachdenken

Einmal war ich zu einem Seminar bei einem Jugendverband eingeladen, der sich zum Ziel gesetzt hat, keinen Alkohol zu trinken und sich in der Öffentlichkeit gegen den Alkoholmissbrauch einzusetzen. Respekt und Anerkennung erwachte in mir für diese Arbeit. Doch noch nie habe ich erlebt, dass so viele junge Leute so übermäßig rauchten.

→ **Das Zitat zum Thema**

In der Größe unserer Sehnsucht liegt die Größe unseres Lebens. (Friedrich Pustet)

Stein

Zugang

Trotz seiner Härte wird der Stein nicht immer als etwas Starres und Totes gesehen. Steine verwittern stetig und im Laufe der Zeit vermischen sich die immer kleiner werdenden Gesteinskörner mit der Biomasse zu fruchtbarer Erde.

Steine finden Verwendung beim Bauen von Häusern und Denkmälern. Man baut damit Wege und auch Mauern. Es gibt Edelsteine und ganz normale Steine.

Der Stein wird verschiedentlich auch als eine sinnbildliche Verbindung zwischen Himmel und Erde gesehen, vielleicht weil schon zu allen Zeiten Meteoriten vom Himmel gefallen sind?

Wenn Steine reden könnten ...

Ein größerer Stein liegt in der Mitte.

... Sie würden uns etwas vom Geheimnis dieser Erde erzählen können: Wie diese Erde entstanden ist, wie es ihnen dabei ergangen ist und auch von ihrem Schöpfer.

... Sie würden erzählen, was Menschen je mit Steinen alles gemacht und gebaut haben: Wege und Häuser, Dome und Gefängnisse, Geschosse und Grabsteine.

... Sie würden auch berichten über Verwitterungen und Steinlawinen, von Lava und von den Bergen.

... Sie könnten uns sagen, wie lange sie schon leben und dass sie uns überleben werden.

Im Zwiegespräch mit Steinen

Alle halten einen faustgroßen Stein in der Hand. Eine Minute lang kann dieser betrachtet und befühlt werden. Nachfolgende Texte können der Reihe nach gesprochen werden:

Dies ist ein Stein, der sich alles gefallen lässt.

Ich kann ihn beschmutzen oder auch als Briefbeschwerer benutzen.

*

Dieser Stein ist kantig und rau. Ich kann mich daran verletzen oder ihn dafür verwenden, dass er mir ein rutschfestes Bodenpflaster ist.

*

Mit diesem Stein könnte ich nach jemanden werfen. Auch Worte können erschlagen und besonders Schlag-Worte. Manchmal passiert mir das auch.

*

Das ist ein Stein, an dem ich mich stoßen kann. Nicht selten werden mir Stolpersteine in den Weg gelegt und wahrscheinlich mache ich das auch. Und manchmal bekomme ich den Stein des Anstoßes zugespielt.

*

Dieser Stein erinnert mich daran, dass manche ein hartes Herz haben, ein Herz wie aus Stein. Gelegentlich bin oder wirke auch ich etwas versteinert.
Und manchmal verwandle ich mein Herz aus Stein in ein Herz aus Fleisch.

*

Steine gibt es auf dieser Erde in Fülle. Manche Menschen sind im sprichwörtlichen Sinne steinreich. Auch ich gehöre nicht zu den Armen und raffe manchmal nach Gold und Edelstein.

*

Steine können auch eine Last sein. Dann bin ich froh, wenn mir ein Stein vom Herzen fällt und einmal wünsche ich mir einen Grabstein, der mich nicht erdrückt.

*

Von Steinen kann niemand leben. Aber wie oft geben Menschen Steine statt Brot. Auch ich gehöre manchmal zu dieser Menschengruppe.

*

Dieser Stein fühlt sich kalt an. Ich will ihn solange in meiner Hand halten, bis er sich ein wenig erwärmt.

→ **Das Zitat zum Thema**

Wenn der geworfene Stein Bewusstsein hätte, so würde er sagen, ich fliege, weil ich will.
(Blaise Pascal)

Knoten

Zugang

Mit dem Knoten verbinden uns zwei Gedankenbilder. Zum einen erinnert er uns an Verknüpfungen, Verbindungen und tragende Bindungen. Zum anderen ist er Sinnbild der Komplikationen und der Hindernisse. Manchmal kommen wir nicht umhin, vorher »den Knoten zu lösen«, das heißt, etwas falsch Gelaufenes aus dem Weg zu räumen.

Gordischer Knoten

Mit diesem Spiel können wir viel von dem nachspüren, wie manches im Leben läuft und wie man damit umgehen kann.

5-12 Spielerinnen bzw. Spieler stehen im Kreis, strecken ihre Hände nach vorne und schließen dann die Augen. Langsam sollen sie nun in die Mitte gehen und versuchen, eine fremde Hand zu ergreifen. Dann öffnen alle die Augen und ohne eine Hand loszulassen, soll nun der entstandene »Knoten« gelöst werden.

Ist der Raum groß genug, können auch mehrere Gruppen gleichzeitig spielen. Die Spielleitung sollte die Spiele beobachten. Besonders dann, wenn mehrere Gruppen gleichzeitig spielen.

Dieses Spiel soll öfter wiederholt werden. Es wird sich zeigen, dass der Knoten nicht immer gelöst werden kann. Mit diesem Hintergrund werden nachfolgende Überlegungen eingebracht, bzw. im gemeinsamen Gespräch erarbeitet.

1. Möglichkeit

Nach dem Auflösen des Knotens entsteht ein harmonischer Kreis.

So ist es oft im Leben: In Unbekümmertheit entsteht ein Knoten und fleißig helfen auch alle mit, den Knoten zu entwirren. Wenn man es schafft, freuen sich alle. Die Mühe hat sich gelohnt.

2. Möglichkeit

Der Knoten kann wohl gelöst werden und es entsteht auch ein Kreis. Aber jemand oder mehrere schauen nach außen. Weil die Spielregel es nicht erlaubt, Handwechsel zu machen, müssen sie in dieser Formation stehen.

Wenn wir schwierige Sachverhalte lösen wollen oder Beziehungsklärungen versuchen, dann ist es nicht selten so, dass jemand nicht mithalten will. Er oder sie sieht das ganz anders und will auch zu dieser Meinung stehen.

3. Möglichkeit
Es entstehen zwei Kreise.

Oft gibt es keine andere Lösungen, als dass sich Menschen in einer Gemeinschaft trennen. Dann ist es immer gut, wenn die Bedingungen geklärt sind und beide Seiten weiterhin in einem guten Nebeneinander leben können.

4. Möglichkeit
Der Knoten ist nicht zu lösen.

In einer griechischen Sage wird uns berichtet, dass nach einem Orakelspruch jenem Menschen die Macht über Kleinasien verheißen wird, der einen kunstvoll verschlungenen Knoten an einem Streitwagen im Zeus-Tempel der Stadt Gordion lösen könne. Niemandem gelang das Kunststück, bis Alexander der Große (336 – 323), König von Makedonien, den Knoten einfach mit seinem Schwerte durchhieb.

Wir können darüber nachdenken, ob das als eine entschiedene Tatkraft zu sehen ist oder mehr als eine rohe Ungeduld.

Gedanken zum Abschluss
Ich will lieber Knoten lösen,
langsam und behutsam.
Nicht allein, nicht roh und rau.
Geduldig, behutsam, miteinander.

Nicht jedes Lösen bringt die Lösung
und Engel sind wir alle nicht.
Ich will geduldig bei den Menschen sein,
wenn Seile brüchig sind und reißen.

→ Das Zitat zum Thema

Lebenskunst besteht zu neunzig Prozent aus der Fähigkeit, mit Menschen auszukommen, die man nicht mag.
(Samuel Goldwyn)

ZEIT DES GEISTES

Spur

Zugang

Viele unserer Aktivitäten und Gespräche hinterlassen Spuren. Die Spuren von Naturkatastrophen und Kriegen sind oft noch nach Jahrhunderten spür- und erkennbar. Beispielsweise wirkt die Sklavenverschleppung nach Amerika noch heute empfindlich nach.

Spuren kennen wir aber auch noch in anderen Ausprägungen: Spuren im Schnee oder Sand, Spuren von umweltschädigenden Giften in Lebensmitteln, die Spur der Vorfahren und das Gespür für etwas, was ist oder war.

Spurensuche

Zu Beginn wird Zeit und Raum für die eigene Spurensuche gegeben. Dazu können einige Aussagen vorbereitet werden, besser sind jedoch spontane Aussagen. Vielleicht ist es notwendig, zunächst einige Hinweise oder Beispiele zu bringen:

- Vor zehn Jahren hatte ich einen Fahrradunfall. Die Spuren in Form von Narben kann man heute noch an meinem linken Oberarm sehen.
- Mit meiner Familie musste ich immer bergwandern. Seitdem hasse ich Berge.
- Ich trage gelocktes Haar. Dieses habe ich von meinem Vater und seinen Vorfahren geerbt.

1. Bild: Spuren aus alter Zeit

Es gibt Menschen, die glauben, vor Jahrhunderten schon einmal gelebt zu haben. Sie glauben, dass die Spuren und Merkmale von früher wiedergeboren wurden.

Mit hoher Wahrscheinlichkeit sind diese Wahrnehmungen bei jenen Menschen nur Spuren, die in jedem Menschen unabhängig von Raum und Zeit und jederzeit, ähnlich einer Datenbank, abrufbar sind. »Der menschliche Geist scheint in seinen unbewussten psychischen Tiefenschichten nicht nur in dem zu ihm gehörigen Leib verwurzelt zu sein, sondern an einem darüber hinausgehenden Bereich der Wirklichkeit zu partizipieren und in ihn hinein zu wirken und dabei die Schranken des Raumes und vielleicht sogar auch der Zeit irgendwie zu überschreiten.«

(Christian Weis) Manche Menschen erfahren so spurenweise etwas von dem, was von Vorfahren als Erbgut gespeichert wurde.

2. Bild: 2000 Jahre alter Samen

In einem 2000 Jahre alten ägyptischen Grab fand man Getreidesamen. Offensichtlich war er Beigabe für die Verstorbenen: Man gab den Samen in Erde und zum Staunen aller fing er an zu keimen.

Ähnlich verhält es sich mit anderen Dingen, die schon 2000 Jahre alt sind. Die Botschaft Jesu wäre da zu nennen. Wenn ich beispielsweise den Weg von Jerusalem nach Jericho gehe, dann werde ich an die Spuren Jesu erinnert, auch wenn keine Fußspuren im Sand mehr auszumachen sind.

Die Spuren Jesu und seine entfaltende Kraft können auch heute und bei mir aufgehen. Ich brauche sie dazu nur aus der wohlbehüteten Schatzkiste zu nehmen, in mir einen fruchtbaren Boden schaffen, Wärme und Licht geben.

Wo dein Schatz ist, da ist auch dein Herz: Mt 6,19–21
Sammelt euch nicht Schätze hier auf der Erde, wo Motte und Wurm sie zerstören und wo Diebe einbrechen und sie stehlen, sondern sammelt euch Schätze im Himmel, wo weder Motte noch Wurm sie zerstören und keine Diebe einbrechen und sie stehlen. Denn wo dein Schatz ist, da ist auch dein Herz.

→ Das Zitat zum Thema

Wir haben Gottes Spuren festgestellt auf unseren Menschen-Straßen, Reste von Wärme in der kalten Welt, Hoffnung, die wir fast vergaßen. (Michel Scouarnec / Diethard Zils)

Fisch

Zugang

Der Fisch steht symbolisch dem Wasser, seinem Lebenselement, nahe und ist eines der ältesten Geheimzeichen für Christus. Damit wurde zunächst Bezug auf die Wassertaufe genommen, später ist die griechische Bezeichnung für Fisch (ichthys) auch auf Jesus bezogen worden. *(Ichthys = I-esus, Ch-ristos, Th-eou Y-os, S-oter. Das ist: Jesus, Christus, Sohn Gottes, Erlöser.)*

Der Fisch ist auch Sinnbild der geistigen Nahrung und in Darstellungen mit einem Brot ist er als Symbol für die Eucharistie zu sehen.

Der Fisch lebt im Wasser, dem Sinnbild des Unbewussten. In der analytischen Psychologie C.G. Jungs gilt der Fisch als Sinnbild des Selbst.

Anfangsspiel

Für unser heutiges Treffen haben wir das Symbol Fisch gewählt. Es sind auch alle jene herzlich eingeladen, die nicht im Sternzeichen Fisch geboren sind. Fisch ist viel mehr als ein Tierkreiszeichen. Lasst euch auf ein kleines Spiel ein!

Zunächst möchte ich euch bitten, einen Fisch zu suchen, der euch gefällt. Das kann ein Aal sein, ein Papageienfisch oder eine Forelle.

Sucht nun im Kreis alle, die denselben Fisch gewählt haben! Wer einen besonderen Fisch gewählt hat oder wenn dieser nicht noch einmal vorhanden ist, dann sollen sich alle einzelnen, besonderen Fische zu einer Gruppe treffen.

Der Junge mit dem Fisch

Wir kennen alle den Bericht von der Speisung der Fünftausend. Bei Johannes (Joh 6,1–15) wird dabei erwähnt, dass ein Junge in der Menge ausfindig gemacht wurde, der fünf Gerstenbrote und zwei Fische bei sich hatte. Obwohl das nicht im Einzelnen berichtet wird, kann davon ausgegangen werden, dass der Junge bereit war, diese für die Gemeinschaft zu geben. Den weiteren Hergang der Begebenheit kennen wir ebenso: Jesus ließ die Leute sich setzen, sprach das Dankgebet und teilte aus.

Weil ein Junge bereit war zum Teilen, entstand eine Bereitschaft zum Teilen und das Wunder, wie es nur Jesus vollbringen konnte.

Auch in der heutigen Zeit gibt es Situationen und Notwendigkeiten zum Teilen. Wir denken an Jesus, der uns dazu bewegen kann. Zum Teilen von Brot und Arbeit, von Land und Zeit.

Brot und Fisch

N.N. hat einen Fisch und ein Brot mitgebracht. Ich frage dich nun, ob du dies für uns alle geben willst?

Wir werden wahrscheinlich davon nicht satt werden. Aber wir werden satt in einem anderen Sinn. Jemand gibt etwas, was die anderen nicht haben. Jemand lässt andere teilhaben an dem, was er hat.

Wir versuchen nun das Teilen. Ich spreche zunächst das Dankgebet:

Gott und Vater aller Menschen.
Lob und Dank sei dir für alle Gaben,
die du geschaffen hast für alle Menschen.
Mache mich immer bereit,
von mir zu geben, was ich übrig habe.
So wie mir als Mensch die Luft zum Atmen nicht allein gehört
und der Fisch das Wasser mit anderen Wassertieren teilt,
so will auch ich
Brot und Fische geben, wenn andere darauf hoffen,
und Wein geben, um die Freude mit anderen zu teilen.
Amen

Fisch, ein wichtiges Nahrungsmittel

Fischeiweiß wird schnell gar und ist leicht verdaulich, denn es enthält in optimaler Kombination alle lebensnotwendigen Aminosäuren, nur wenig Bindegewebe, reichlich Phosphor und reichlich ungesättigte Fettsäuren. (aus: Ernährungslehre und Nahrungsmittelkunde, Ludwigshafen 1982.)

→ Das Zitat zum Thema

Das Geheimnis des Glücks liegt nicht im Besitz, sondern im Geben. Wer andere glücklich macht, wird glücklich.
(André Gide)

Zweig

Zugang

Zum Zeichen der überstandenen Katastrophe kam zu Noah eine Taube mit einem Ölzweig zurück. Auch noch heute trägt die »Friedenstaube« einen Zweig im Schnabel als Symbol für Gerechtigkeit und Frieden.

Grüne Zweige gelten im Volksbrauchtum als ein Zeichen für Ehre, Ruhm und Unsterblichkeit. Besonders die Zweige von Nadelhölzern zeigen uns mit ihrem immerwährenden Grün die Beständigkeit und das Durchhaltevermögen auch in der kältesten Jahreszeit. Zu besonderen Anlässen werden Kränze mit grünen Zweigen gebunden. Der Adventskranz ist dabei am weitesten verbreitet.

Ein Adventskranz entsteht im Miteinander

Zu Beginn der Adventszeit besorgen sich viele Familien einen Adventskranz; aber auch in öffentlichen Gebäuden und besonders in Kirchen ist ein solcher zu finden. Er wird entweder gekauft oder jemand bindet ihn in Einzelarbeit.

Wenn sich ein kleiner Kreis findet und das gemeinsame »Legen eines Adventskranzes« mehr sein soll als Zweige beschaffen und Können, dann kann eine meditative Gestaltung eines Adventskranzes richtig sein.

Nachdenken über den grünen Zweig

Die Tannenzweige liegen ungeordnet in einem Korb und alle können sich einen holen.

- Wir betrachten diesen Zweig in Stille, befühlen seine Beschaffenheit und seine Nadeln und riechen daran. Gegebenenfalls können auch einige Zweige angebrannt werden, damit der besondere Duft zur Geltung kommt.
- Wir entdecken, dass die meisten Zweige eine Kreuzform aufweisen. Das kann uns ein Hinweis darauf sein, dass alles Wachstum nicht nur nach oben oder vorwärts gerichtet ist. In alle Richtungen soll das Leben sich gestalten.
- Menschenmengen legten beim Einzug von Jesus in Jerusalem Zweige auf den Weg. Mit diesem grünen und lebendigen Wegschmuck sollte die hohe Achtung vor ihm deutlich werden.

- Die Zweige von Tannen und Fichten sind reich an Harzen und ätherischen Ölen. Der dunkle sogenannte Waldhonig kommt von diesen Zweigen.

Lebendiger Adventskranz

Mit Zweigen kann man einen Kranz auf dem Boden legen. Man kann aber auch einen binden. Vorher besteht die Möglichkeit, dass Zweige ausgewählt werden und mit ihnen das verbunden wird, was jemandem für sich oder für andere Menschen in der kommenden Adventszeit wichtig ist.

Wer will, nimmt einen Zweig und spricht seine Vorstellungen und Wünsche aus. Dann wird dieser Zweig in die Mitte gelegt. Mit diesen Zweigen wird anschließend der Adventskranz gestaltet.

Möglich ist auch, dass einige Aussagen vorbereitet sind:

- Ich lege meinen Zweig in die Mitte, weil dieses Grün für mich ein Zeichen ist, dass es auch in der dunkelsten Jahreszeit Leben gibt.
- Mein Zweig weist eine besonders deutliche Kreuzform auf. Ich lege den Zweig für einen Menschen, der ein besonders schweres Kreuz tragen muss.
- Mit diesem Zweig bitte ich für mich um eine Adventszeit in Ruhe und Besinnlichkeit.
- Ich denke an Weihnachten und an Jesus, der für mich das Grün und die Hoffnung für mein Leben ist.
- Ich lege einen Zweig für den Kranz des Lebens, der auf Jesus hinweist.

Anschließend wird der Adventskranz noch geschmückt (Bänder, kleine getrocknete Blumen, Kerzen u.a.).

→ **Das Zitat zum Thema**

Der dürre Stab kann Zweige treiben in des Glaubens Hand.
(Friedrich Schiller)

Betende Hände

Zugang

Gefaltete Hände werden in vielen Religionen und Kulturen als eine Geste des Gebetes, der Verehrung und der eigenen Sammlung gesehen und praktiziert. Bei uns wird diese Gebetshaltung vielfach entweder als sehr fromm und hingebungsvoll, oder als frömmelnd gesehen. Beim Beten legen bei uns viele Menschen nur mehr die Hände unterhalb des Bauchnabels zusammen, weil ihnen das Falten der Hände zu würdevoll und zu tief gehend erscheint.

In einem vertrauten Kreis ist es leichter, sich auf einen neuen Zugang mit den gefalteten Händen einzulassen.

1. Wir fühlen uns ein

Alle stehen im Kreis in lockerem Abstand oder sich paarweise gegenüber.

a

Dazu legen wir zunächst unsere Hände mit den Innenflächen auf unsere Brust. Mein Körper und mein ganzes Ich haben sich mit den empfindlichen Regionen unserer Hände verbunden. Was ich denke und fühle, was in den Tiefen meines Inneren wichtig ist, das geht auf meine Handinnenflächen über.

b

Wir lösen unsere Hände langsam vom eigenen Körper und wenden sie nach außen. Dort treffen wir auf die Handflächen der uns nebenstehenden Personen. Wir legen sie zusammen und spüren, wie von uns ein Signal oder eine Botschaft überspringt.

c

Zur Musik klatschen wir nun langsam im gemeinsamen Rhythmus in die eigenen Hände und dann wieder links und rechts in die Hände der Nebenstehenden.

d

Wenn die Musik endet, halten auch wir inne und verbleiben eine Zeit lang in Berührung mit den Handflächen der anderen.

In dieser Fassung haben wir die Hände gefaltet: mit anderen Menschen, die wie ich offen für ein Miteinander sind, denen das Sich-sammeln und Beten ebenso wie mir wichtig ist.

2. Gefaltete Hände

a

Ich löse meine Handflächen von den anderen und führe sie langsam auf Brusthöhe bis auf wenige Zentimeter zusammen. Mit diesem Abstand spüre ich, was sich zwischen meinen Handflächen tut: die Spannung, das Pulsieren in meinen Handinnenflächen, die Wärme und das Verlangen beider auf ein Zusammentreffen.

b

Ich lege meine Handflächen zusammen und schließe dabei die Augen. Ich kann nun leibhaftig spüren, wie sich alles um mich herum wegschaltet. Ich erlebe, wie es in mir still wird und wie alle Unruhe weicht. Was in mir uneins und gegensätzlich war, wird zur Einheit. Meine Konzentration läuft in meinen gefalteten Händen zusammen und führt mich zur Sammlung.

c

Die Fingerspitzen meiner gefalteten Hände zeigen nach oben. Ich stelle mir vor, wenn sie nach vorne zeigen würden. Oder nach unten oder auf mich selbst gerichtet.

In dieser Haltung aber bin ich für das geöffnet, was aus mir selbst kommt und mich bewegt. Ich kann mich auf das einlassen und ausrichten, was über mich, über mich selbst hinausführt.

3. Betende Hände

Ich bin offen und bereit,
für dich, meinen Gott.
Ich stehe vor dir,
gesammelt und ausgerichtet
für das Wort und den Geist,
der von dir ausgeht.
Schaue mich an und rede!
Berühre mich und
nimm mich in deine Liebe!

→ **Das Zitat zum Thema**

Wenn ich bei der Meditation unruhig bin, dann falte ich die Hände und erfahre, dass ich wieder ruhig werde.
(Anselm Grün)

Gebeugtes Knie

Zugang

Im Zeitalter der Menschenrechte und des immer stärker werdenden Hinterfragens der Praxis von Oben und Unten, haben wir uns von dem »Kniefall« und dem »vor dem anderen klein machen« immer mehr distanziert. In Geschichts- und Märchenbüchern können wir erfahren, dass man sich vor Könige und Obere hinknien musste und es ist noch gar nicht so lange her, dass »artige Mädchen« vor so genannten Respektpersonen einen Knicks machen mussten.

Aber es gibt in vielfacher Weise ein »Sich-klein-machen« und auch die Verbeugung. Viele Erwachsene beispielsweise beugen die Knie, wenn sie mit einem kleinen Kind reden, damit sie auf derselben Ebene sind. Und Christen stellen sich immer wieder die Frage, welchen Stellenwert eine Kniebeuge oder eine Verbeugung vor Gott (dem Heiligtum) hat.

Hinführung

1. Verinnerlichung

Jemand will etwas bei einem anderen Menschen erreichen. Ich mache zwei Vorschläge und bitte urteilt dann, wo die größten Chancen zur Erreichung des Zieles sind.

a

Sie sind doch zuständig für die Verkehrsbetriebe. Ich muss jeden Tag von der Theresienstraße zum Industrieblock fahren und da komme ich meistens sehr knapp oder sogar zu spät an. Nicht selten hat der Bus auch noch Verspätung. Das muss doch nicht sein! Der Bus kann doch auch einige Minuten früher eingesetzt werden!

b

Bin ich da richtig bei der zuständigen Stelle für Busverbindungen von der Theresienstraße zum Industrieblock? Ich habe nämlich ein Problem und vielleicht können Sie mir da weiterhelfen. Ich habe kein Auto und bin auf den Bus angewiesen und ich habe schon öfter Schwierigkeiten im Betrieb bekommen, weil ich zu spät zur Arbeit kam.

Wir können uns jetzt alle einmal kurz in die zuständige Person der Verkehrsbetriebe einfühlen. Wie wird diese auf a. und wie auf b. reagieren? Wo liegen die größten Chancen für ein gutes Gespräch und eine mögliche Veränderung?

– Nachdenken – Aussagen – Bewertungen –

Die Aussage b. wurde keineswegs in Untertanenmanier eingebracht. Es wurde höflich der Sachverhalt dargelegt und die Hilflosigkeit kam zum Ausdruck. Wer seine Not und seine Hilflosigkeit zeigt, trifft meistens auf Verständnis und Hilfsbereitschaft. Dieses Demutsverständnis will sagen, dass man dem anderen mehr zutraut als sich selbst. Das ist das Gegenteil von »fordern« und »Machtausübung« und im übertragenen Sinn ein Hinknien.

2. Verinnerlichung

Das »sich hinknien« wird häufig als Geste des Gehorsams gesehen und zwar dergestalt, dass man jemanden als »Oberen« anerkennt und von diesem etwas mitgeteilt bekommt, das befolgt werden muss. Treffend dazu ist die Aussage von Angelus Silesius: »Es ist leicht, das Knie zu beugen, es ist schwer, das Herz zu beugen.«

In allen vier Evangelien kommt das Wort »knien« nicht vor, und trotzdem hat sowohl die Kniebeuge als auch das Knien sich in der christlichen Praxis eingefunden. Es will sagen, dass ich schwach sein und etwas in Ergebenheit empfangen darf.

Wir erfahren im Knien Gott

Wir stehen zunächst aufrecht und lassen die Hände fallen.

So stehe ich da vor dir, o Gott. Das bin ich! Nicht frei von Eitelkeiten und Fehlern. Aber mit mir steht hier auch ein Mensch, den du geschaffen hast, der immer wieder nach dem sucht, was richtig ist und mir und meinen Mitmenschen gut tut.

Jetzt besteht die Möglichkeit, dass alle zum Ausdruck bringen, in welcher Beziehung sie sich nun zu diesem Gott gesehen haben: von Mann zu Mann/Frau zu Frau; in Anerkennung und Respekt, dass ER der Erschaffer allen Lebens ist.

✳

Wir versuchen mit geschlossenen Augen eine Kniebeuge zu machen und stehen dann wieder aufrecht.

Ich habe mich gebeugt vor dir, mein Gott. Eines meiner Knie berührte den Boden und dabei wurde mir bewusst, dass mich diese Erde trägt und dass du der große und weise Schöpfer des Menschseins bist.

Wer mag, kann seine Eindrücke und Gedanken zum Ausdruck bringen, die bei der Kniebeuge gekommen sind (z.B. sich klein machen, Ehrfurcht vor dem großen Gott o.ä.)

✳

Wir knien mit beiden Füßen auf dem Boden und lassen dabei die Hände seitwärts herunterfallen.

Ich ruhe vor dir, Gott. Keine Geschäftigkeit wie sonst und anspruchslos. Einfach da sein in der Gewissheit, dass du mir in dieser meiner wehrlosen Haltung eher begegnen kannst.

Abschluss

Wer kniet, wird zur sicheren Begegnung mit Gott kommen.

Wer kniet, darf in der Gewissheit leben, dass ihn jemand aufrichtet. Wir könnten uns das gegenseitig symbolisch deutlich machen. Ich fange einmal an: Ich helfe der rechts neben mir stehenden Person auf und dann schauen wir uns beide noch stehend einen Augenblick in die Gesichter. Dann wird reihum der nächsten Person geholfen, aufrecht zu stehen.

→ Das Zitat zum Thema

Wer Gott kniend erfahren hat, steht aufrecht vor den Menschen.

(aus einem alten Erziehungsbuch)

ZEIT DES LOSLASSENS

Zeit?
Ein Wortgottesdienst zum Thema

Zugang

Für die Zeit gibt es weder ein Sinnesorgan noch die adäquaten Reize; trotzdem wird von einem Zeitsinn gesprochen. Je nach Voraussetzungen und Gegebenheiten erleben wir eine Zeitdauer anders. Bei einer spannenden Erwartung haben wir eine andere Einschätzung der Zeitdauer als bei angenehmen Erlebnissen. Zeitverhalten und die Gabe der Zeiteinschätzung können durch entsprechendes Training und auch durch Psychopharmaka beeinflusst werden.

Gedanken zum Anfang

Was ist die Zeit?
So kennen wir es und vielfache Erfahrungen belegen das: Auf eine Frage folgt eine Antwort, auf einen Blitz ein Donner, auf einen Ruf ein Echo, nach dem Verkehrsunfall das Notfallsignal.

Gestern saß ich noch spät abends auf der Terrasse. Da vernahm ich an der westlich gelegenen Straße ein Sanitätsauto mit Signalton. Einige Sekunden später hörte ich aus derselben Richtung heftiges Reifenquietschen und dann einen Aufprall.

Normalerweise ist das umgekehrt: zuerst der Unfall und dann kommt das Sanitätsauto. Dass es sich hier um zwei verschiedene Vorgänge handelte, war mir klar, doch brachte mich dieses eigenartiges Geschehen zum Nachdenken.

Was wäre, wenn die Zeit einmal anders laufen würde? Was, wenn wir immer zuerst wissen würden, was dann geschieht?

Doch die Zeit läuft für uns anders, offensichtlich vorwärts. Nicht rückwärts, in eine andere Richtung oder nebenher. Was geschehen ist, ist geschehen. Unauslöschlich! Ich kann die Zeit nicht anhalten wie eine CD. Dann wäre nämlich nichts mehr! Nichts mehr für mich! Nur bei Gott läuft die Musik weiter, weil er auf keine CD-Player angewiesen ist.

Die Segnung der Kinder: Matthäus 19,13–15

Da brachte man Kinder zu ihm, damit er ihnen die Hände auflegte und für sie betete. Die Jünger aber wiesen die Leute schroff ab. Doch Jesus sagte: Lasst die Kinder zu mir kommen, hindert sie nicht daran! Denn Menschen wie ihnen gehört das Himmelreich. Dann legte er ihnen die Hände auf und zog weiter.

Gedanken zur Predigt

Einer, der es ganz anders macht! Jesus schaut nicht auf das, was sich rechnet, und es zählt für ihn nicht Alter und Ansehen, nicht Schönheit und ob man ein Handy besitzt. Er hat Zeit! Zeit für alle, die etwas von ihm brauchen und die nach ihm fragen. Dass er den Kindern Geltung verschafft, dass er auf sie schaut, sie ansieht, ihnen also Ansehen gibt, macht ihn so liebenswert. Wir sprechen daher auch zu Recht von diesem menschenfreundlichen Jesus.

Jesus also jemand, der sich Zeit nimmt, der Zeit hat für das, was die Menschen brauchen. Und manchmal frage ich mich, wie sich dieser Jesus in Situationen von heute verhalten würde.

- Neulich habe ich in einer Metzgerei beobachtet, wie sich die Erwachsenen vordrängten und ein Kind, das von den Eltern zum Einkaufen geschickt wurde, nicht beachteten. Auch die Bedienung überging nach meiner Beobachtung bewusst das Kind.

- Oder eine andere Beobachtung aus dem Straßenverkehr: Fast jeden Tag sehe ich, wie ein Auto kurz vor der Kreuzung einen Radfahrer überholt und dann sogleich den Blinker nach rechts setzt. Besonders Kinder sind zumeist auf das Fahrrad angewiesen und werden nicht selten zum Opfer der täglichen Hetze in unserer Welt.

- Jesus hatte Zeit für Groß und Klein, für Habenichtse und die mit Amt und Würden, für Frauen und Männer, für Kranke und Suchende, für die Entrechteten und Sklaven der damaligen Zeit. Denen, die heute davon sprechen, dass Zeit Geld ist, würde er antworten: Zeit ist alles, Geld ist nichts!

- Auch heute nehmen sich manche Menschen für andere Zeit! Nicht nur jene, die einem sozialen Beruf nachgehen. Aber es ist nicht zu übersehen, dass es viele Menschen immer eilig haben und dabei wichtige Dinge und auch Menschen übersehen: zum Beispiel an der Supermarktkasse, das Telefonat mit dem Handy zwischen Haustüre und Auto oder im trauten Gesprächskreis bei Freunden, beim Essen vor dem Fernseher oder wenn sie nur mit halbem Ohr jemandem zuhören.

✳

Was ist die Zeit?

Wir messen und teilen sie ein in Sekunden und Jahre. Sie geht dahin und uns ist auch bewusst, dass der Zeitraum jeder Sekunde nie wiederkehrt.

Was wäre die Zeit, wenn sie stehen bleiben würde, so wie es Helmut Zöpfl in seinem Gedicht schmunzelnd fordert? Die Zeit würde aufhören da zu sein; so wie ein Wind nicht mehr wäre, wenn er aufhören würde zu wehen. Bei einem spielendem Kind scheint es manchmal so, als würde die Zeit stillstehen.

Einstein hat uns gelehrt, dass Raum und Zeit relativ sind. Oder anders ausgedrückt: über uns hinaus gibt es den uns vertrauten Zeitbegriff nicht. So können und dürfen wir auch annehmen, dass es für Gott nicht die Zeitvorstellung gibt, mit der wir messen. Ewigkeit wäre also etwas, was nicht der Zeit unterworfen ist, was keinen Anfang und kein Ende hat. Gott ist nicht ausgerichtet und eingebunden in Jahre und Jahreszeiten, nicht in erdgeschichtliche Vorgänge und somit auch nicht in Zeit und Ewigkeit.

Gott ruht wie ein Punkt in der Mitte und alles andere läuft wie im Außenkreis um ihn herum.

Die Aussage

»Ich habe keine Zeit!«
trifft selten die ganze Wahrheit;
ist unvollständig und geschwindelt.

Der Tag hat vierundzwanzig Stunden!
Davon stehen sechzehn zur Verfügung,
für das, was wichtig ist.
Unendlich lang für so vieles.

»Ich habe keine Zeit!«
will oft nur sagen,
was jemandem ganz wichtig
oder unwichtig ist.

Will manchmal sagen:
»Bleib mir vom Hals!«

Oder: »Zeit haben für dich,
das will nicht!«

Acht Stunden gute Arbeit
ist mehr als genug.
Und viel Zeit bleibt mir dann
für das, was mir wirklich wichtig ist.

Die Zitate zum Thema

Der Mensch sagt: Die Zeit vergeht. Die Zeit sagt: der Mensch vergeht.
(aus dem Himalaya)
✳
Verschwendete Zeit ist Dasein, gebrauchte Zeit ist Leben.
(Edward Young)
✳
Der größte Teil unseres Lebens geht drauf bei dem Versuch, jene Zeit
zu nutzen, die wir durch Stress gewonnen haben.
(Redensart)

Ein Kluger hat so viel zu denken, dass er keine Zeit hat zu reden;
ein Dummkopf hat so viel zu reden, dass er keine Zeit hat zu denken.
(Jüdisches Sprichwort)
✳
Die Leute, die niemals Zeit haben, tun am wenigsten.
(Georg Christoph Lichtenberg)
✳
Wir leben in einer Zeit des eiligen Müßiggangs. Viele Menschen tun nichts,
aber sie tun es in Eile.
(Curtis Baker)

Man verliert die meiste Zeit damit, dass man Zeit gewinnen will.
(John Steinbeck)

Gott hat dem Menschen die Zeit gegeben, von Eile hat er nichts gesagt.
(Finnisches Sprichwort)

Ich glaube

an Gott, der alles geschaffen hat vor Anbeginn aller Zeiten:

- der uns das Geschenk der Zeit gegeben hat und nicht nach Stunden rechnet.
- der uns einmal in sein Reich holt, wenn es an der Zeit ist.
- der bei jedem Unrecht geduldig und ohne Zeitvorgabe auf Umkehr wartet.

Ich bekenne

mich zu Jesus Christus, der um das Jahr 0 unserer Zeitrechnung als Gesandter Gottes erschien.

- Mit ihm kam die Zeitwende, die von Liebe und Erlösung neu erzählt.
- Er rechnet nicht nach Minuten und Jahren, sondern nach der Zeit, die wir für andere verschenken.
- Er leidet mit den Alleinerziehenden in Zeitknappheit und mit den Menschen in Hast und Hetze.
- Er will, dass wir unsere Zeit gut gebrauchen und uns für Leib und Seele sorgen.

Ich vertraue

auf dich, Heiliger Geist, der du uns zeitlebens belebst und inspirierst.

- Der du unser Dasein begeisterst und unseren Gedanken Flügel gibst.
- Der du dich, ohne dass wir es immer ahnen, gegen manchen Zeitgeist stellst.
- Du kannst uns von Hast und Unruhe befreien.
- Du kannst uns Atem geben, wenn wir gehetzt an der Verkehrsampel stehen und jenen mit einer 80-Stunden-Woche.

Ich fühle

mich verbunden mit allen Christen, die heute wie schon zu allen Zeiten, sich nach dem Wort Gottes sehnen.

- Mit der Taufe bin ich eingetaucht in das Heilige jetzt und für ewige Zeiten
- Mit allen Christen glaube und hoffe ich auf einen lebendigen Gott und dass sich in der Kirche etwas weiterentwickelt.
- Ich solidarisiere mich mit allen, die sich über Rasse und Hautfarbe hinweg achten und einander helfen.

– und in den Zeiten der Feier Gemeinschaft suchen und das Brot miteinander brechen.

Ich erwarte
nach meiner Zeit die Auferstehung in ein neues Leben:
– in der es keine Eile und keine Termine mehr gibt,
– in der ich Gott in seinem Glanz für immer schauen kann ohne Zeit in alle Ewigkeit.

Amen

→ Das Zitat zum Thema
Die Lösung des Rätsels des Lebens in Raum und Zeit liegt außerhalb von Raum und Zeit.
(Ludwig Wittgenstein)

Los

Zugang

Nur ganz wenige Menschen haben »das große Los« gezogen. Und viele tragen ein schweres Los: hilflos, arbeitslos, lieblos, heimatlos..
Und wer ein schweres Los träg, der sucht beständig nach einem »Los-lassen« und nach Erlösung. Wer zieht das »große Los« und wer oder was kann wem von seinem Los befreien?

Los-Aktion

Vielfach erleben wir bei den Los-Aktionen, dass wenige gewinnen und viele verlieren. Auch werden zumeist Gewinne in Geld- oder Sachwerten ausgegeben. Eine Alternative besteht darin, dass bei einer Losaktion zum einen einmal alle etwas gewinnen können und zum anderen kann diese inhaltlich so ausrichtet werden, dass auch andere Werte zum Tragen kommen.

So nimmst du teil an der Los-Aktion:

1. Wähle eine Los-Ausrichtung deiner Wahl:
  ✳ Grün: Begegnungen
  ✳ Orange: Ideelle Ausrichtung
  ✳ Rosa: Sachwerte

2. Schreibe deinen Namen und deine Telefonnummer auf deine Loskarte, trenne den unteren Abschnitt ab und lege ihn in eine Schachtel deiner Wahl.

Beispiel für eine Loskarte

```
┌─────────────────────────────────────────┐
│                                          │
│   ┌────────────────────────────┐         │
│   │  LOS-NR.                    │         │
│   └────────────────────────────┘         │
│                                          │
│  _____ hier abtrennen _____ _____  │
│  _____  │
│  _____  │
│                                          │
│   Name und Telefonnr.      Los-Nr.       │
│                                          │
└─────────────────────────────────────────┘
```

Jede Losnummer wird bereits vor der Aktion auf einem Loszettel zweimal ein-
getragen, damit sie dann auch auf dem abgetrennten Abschnitt zu finden ist.
Wenn so viele Nummern vergeben werden wie Anwesende zu erwarten sind, dann
ziehen alle das »Los« ihrer gewählten Ausrichtung.

Beispiele für Gewinne
(die bereits im Vorfeld mit den Spendern abgesprochen werden sollen)

Begegnungen (Grün)
– Einladung zu einem Frühstück für zwei Personen
– Eine Malstunde mit N. N.
– Spaziergang an der Salzach mit N. N.
– Kennenlernen der Einrichtung N. N.
– Eine Bastel- und Ratschstunde mit N. N.
– Einladung in die Eisdiele von und mit N. N.
– Einladung zu einem Abendessen von N. N.
– Bekommt am Telefon ein Gute-Nacht-Ständchen von N. N.
– Tages-Ausflugsfahrt mit den Mitarbeiterinnen und Mitarbeitern von N. N.

Ideelles (Orange)
– Freie Teilnahme beim Wochenendausflug
– Sonnenblumensamen
– Gönne dir in der nächste Woche eine Stunde Spaziergang
– Mitarbeit für den nächsten Meditationsabend
– Eine Fantasiereise mit N. N.
– Einmal eine Stunde schweigen
– Einen Tag ohne (zur Auswahl): Streit/Fernsehen/Alkohol/Zigarette
– Bringe deinen Lieblingstext/Gedicht/Geschichte.
  Diese wird in unserem nächsten Heft abgedruckt.
– Die Sternschnuppe am 10. August zwischen 22 und 23 Uhr gehört dir.
– An deinem Geburtstag bekommst du am Telefon ein Ständchen
  von der Musikgruppe N. N.
– Selbstverpflichtung zu der Aktion von amnesty international
  »Briefe gegen das Vergessen«. Info über ...

Sachwerte (Rosa)
– Selbstgestrickte Handschuhe von N. N.

- Selbstgebackener Kuchen
- Döner Kebab
- Blühender Kirschzweig
- Freier Eintritt zur Veranstaltung N. N.
- Selbstgebackenes Brot von N. N.
- Musik-CD der Gruppe N. N.
- Eintrittskarte ins Hallenbad
- Ein Palmbuschen
- Eine Flasche Apfelsaft (Eigenproduktion) von N. N.

Abwicklung
Die Ziehung der Gewinne kann öffentlich erfolgen.

Beispiel für einen Gewinnschein
- Du hast gewonnen Herzlichen Glückwunsch!
- Einladung zu einem Frühstück für zwei Personen
- Bitte melde dich gelegentlich zur Vereinbarung eines Termins unter der Telefonnummer ... – oder gleich heute im Raum N. N. bei N. N:

Was wiegt mehr:
Ein Lächeln oder die Faust?
Ein Freibier oder ein freundlicher Blick?

Was wiegt mehr:
Recht bekommen oder gelten lassen?
Der Zeigefinger oder die offene Hand?

Was wiegt mehr:
Das Geld oder das Herz?
Der Schein oder das Sein?

→ Das Zitat zum Thema
Kein Mensch ist wunschlos glücklich, denn das Glück besteht ja gerade im Wünschen.
(Attila Hörbiger)

Zeigefinger
Ein Bußgottesdienst mit Gestaltelementen

Zugang

Jeder einzelne Finger eines Menschen hat eine besondere Bedeutung. Der Zeigefinger wurde früher »Mutterfinger« genannt, weil er die Richtung angab und lenkte. Mit diesem Finger können wir drohen, herbeiwinken, auf etwas zeigen bzw. verurteilen.

Zum Anfang

Jemanden um den Finger wickeln können
und einen Stinkefinger machen.
Den Finger auf den wunden Punkt legen
und mit seinem Finger auf jemanden zeigen.
Lange Finger haben, wenn es niemand sieht
und sich manchmal die Finger verbrennen.
Jemandem auf die Finger sehen
und selbst keinen Finger für jemanden rühren.

Gestaltungselement 1

Die eben gehörten Redensarten sprechen vom Leben und von Verhaltensweisen der Menschen. Wir werden diese Zeilen noch einmal und ganz langsam lesen. Während dessen möchte ich ein Experiment machen. Es soll zeigen, dass am Endpunkt unseres Zeigefingers Leben pulsiert.

Ich stütze dabei meinen Ellbogen auf den Tisch und halte den Zeigefinger nach oben. Auf die Kuppe des Zeigefingers lege ich einen großen Schlüssel, dessen Bart nach unten zeigt. Dieser wird sich innerhalb einiger Minuten von selbst nach oben drehen. Das kann uns bewusst machen, welche Kräfte in der Spitze eines Fingers liegt.

Gestaltungselement 2

Zwei Personen stehen sich in einem Abstand von etwa zwei Metern gegenüber.
Sie halten beide die Zeigefinger auf die gegenüberstehende Person gerichtet und
gehen dann aufeinander zu mit dem Ziel, dass sich die Fingerspitzen treffen.

- Je näher das Zusammentreffen, desto langsamer werden ihre Schritte. Das gibt uns einen Hinweis darauf, dass man die Dinge oft umso anders sieht, je näher man einem Menschen steht und anders urteilt, wenn man einen Menschen besser kennt.
- Dazu passt die Aussage, die von den Sioux-Indianern stammt: »O großer Geist, bewahre mich davor, über einen anderen Menschen zu urteilen, bevor ich nicht vierzehn Tage seine Mokassins getragen habe.«
- Wir erinnern uns daran, dass wir manchmal gerne Menschen kritisieren, wenn sie weit weg sind; dass wir manchmal urteilen, ohne einen Menschen oder die näheren Umstände zu kennen.

Gestaltungselement 3

Gustav Heinemann sagte: »Wenn man mit dem Zeigefinger auf jemanden zeigt, so deuten immer drei Finger auf einen selbst.«
Wir können das nun zeigen – oder alle probieren das einfach einmal aus.

Gestaltungselement 4

Legt man den Zeigefinger in die gleiche Position wie die anderen drei, so ist man eingeladen, sich an die Brust zu klopfen. Vielfach wird das im Bußritus dreimal so gemacht. Wer mag, kann das nun nachvollziehen.

- Ich weiß Herr, dass ich lieber auf andere Menschen zeige, als mich an die eigene Brust zu klopfen. Herr, erbarme dich.
- Wenn ich an meine Brust klopfe, dann senke ich wie von selbst meinen Kopf und schaue somit auf mich und in mich hinein. Herr, erbarme dich.
- Wenn ich mich an die Brust klopfe, dann zeigt der Daumen nach oben. Ich weiß Herr, dass du auf mich schaust und mir alle meine Unzulänglichkeiten vergibst. Herr erbarme dich.

Gestaltungselement 5

Zwei Personen stehen sich gegenüber, dieses Mal etwas näher. In kleineren Kreisen ist es auch möglich, dass sich alle paarweise treffen.
Jemand beginnt und zeigt auf etwas, was ihm bei der anderen Person gefällt, z.B. die Augen, die Schuhe... Dann ist die andere Person an der Reihe. Das alles soll schweigend geschehen, damit man sich gut einfühlen kann.

- Ich will immer zuerst das Gute bei anderen Menschen sehen.

- Ich will mehr loben als kritisieren.
- Ich möchte und will versuchen für mich und bei anderen Menschen das zu tun, was nützt.
- Ich will in allen Dingen Gottes gute Schöpfung sehen und sie erhalten.

Dazu bestärke uns der gute Gott, der uns Vater und Mutter ist. Die grenzenlose Liebe des Sohnes stehe uns allezeit zur Seite und der Heilige Geist sei immer in uns und mit uns. Amen

→ Das Zitat zum Thema
Wir werden ihm nur ein bisschen »mit dem Finger drohen«, sagte er und legte diesen an den Abzug.
(Stanislaw Jerzy Lec)

Licht

Zugang

Alles Leben sucht das Licht. Weil es Dunkelheit und Finsternis gibt, können immer wieder neu die Sonne, das Helle und die Lichtblicke für das Leben erfahren werden. Gerade weil zu viel Glitzer und grelles Licht in unser Leben leuchtet, suchen wir das warme Licht in vertrautem Kreis und das innere Licht, das mehr ist als die Partyfackel und das Öllämpchen.

Wir suchen das Licht

Alle Ankommenden werden in einen Raum geführt, in dem in der Mitte eine Kerze brennt. Darüber hinaus kann und soll der Raum schön gestaltet sein, eine entspannende Musik und ein guter Duft die Gäste empfangen.
Wenn alle im Kreis Platz gefunden haben, wird die in der Mitte stehende Kerze von einem Strahler von oben grell beleuchtet.
– Schweigepause –

1
Wir haben das Licht! Die Strahler auf Werbespots gerichtet und jene, die den Tennisplatz in der Nacht erhellen.

2
Wir warten auf das Licht! Auf ein Licht in der Morgendämmerung und auf das Licht am Ende eines Tunnels.

1
Wir haben das Licht! Die Neonlichter in den Supermärkten und die Präzisionslampen in den Operationssälen.

2
Wir warten auf das Licht! Auf ein Licht, das sich in Tautropfen und Eisblumen bricht und das Licht im Flimmern der Hochsommerhitze und auf Schneefeldern.

1
Wir haben das Licht! Die Lichterketten in den Einkaufsstraßen vor Weihnachten, die Kerzen auf den Tischen in Restaurants und die Farbblitze aus den Lichtorgeln.

2

Wir warten auf das Licht! Auf das Licht, das jemand im Stövchen für die Teekanne entzündet und das Licht der Nachttischlampe am Ende eines schweren Tages.

– *Pause* –

Das kleine Licht

Als das kleines Licht in einer kalten Winternacht auf der Suche nach einer sinnvollen Aufgabe war, verirrte es sich in einer der waldreichen Gegenden. Es wanderte voller Hoffnung weiter und nach vielen Stunden kam es schließlich in ein kleines Land, in dem Tag und Nacht tiefe Dunkelheit herrschte. In diesem Land wohnten auch Leute und diese liebten eigenartigerweise die Finsternis mehr als das Licht. Das kleine Licht erinnerte sich sogleich an einen Spruch aus der Bibel, dass jene das Licht hassen, die Böses tun. Solange es dunkel ist, können Unrecht und Neid gedeihen. Aber jetzt war dieses kleine Licht in dieser Finsternis aufgetaucht. Es war einfach da und es stellte sich mitten auf den riesigen Platz der finsteren Stadt.

»Was willst du, du winziges, kleines Ding?« hörte man Stimmen aus der trägen und furchterregenden Dunkelheit. Alle Dunkelheiten der weiten Umgebung waren nämlich irritiert von dem kleinen Licht. Bis an die Grenzen des Landes wurde das kleine, winzige Licht bemerkt und konnte von weit her gesehen werden.

Das kleine Licht gab keine Antwort, bewegte sich aber auch nicht von der Stelle. Mit der kleinen Flamme nahm sie allen dunklen Machenschaften die Kraft. Diese kleine Flamme mit dem schwachen Schein machte es unmöglich, dass die finsteren Mächte weiter ihre Herrschaft aufrechterhalten konnten. Drohend und mit aller Kraft wehrten sie sich wohl gegen dieses unscheinbare kleine Licht, aber sie mussten schließlich ihre Machtlosigkeit einsehen. Das kleine Licht schimmerte sanft in das ganze Land und gab allen darin Lebenden ein wenig die heimlich ersehnte Wärme und verstreute die Hoffnung nach ein wenig Geborgenheit.

Das innere Licht

Wir möchten heute das innere Licht suchen. Das Licht, das nicht in Watt zu messen oder mit Laser verbreitet werden kann. Alle Menschen haben schon dieses innere Licht erfahren und schätzen gelernt. Heute bringen wir das auch durch ein besonderes Lichtgefäß zum Ausdruck und legen all das hinein, was für uns ein Licht sein kann.

Dazu steht eine Lichtschale bereit
Diese besteht aus einem größeren Glasbehälter, in den ein schmales (Trink-) Glas gestellt wird. In dieses Innenglas wird ein brennendes Teelicht gelegt (evtl. mit einem Schaschlikspieß nach unten bringen). Zwischen den Innenwänden des Außenglases und dem Außenglas des inneren werden nun nacheinander die fruchttragenden und rot leuchtenden Lampen der Lampionblume gelegt. Das soll so lange geschehen, bis der ganze Innenraum gefüllt ist und das Licht nur mehr warm und leuchtend durchschimmert.

Wer mag, legt einen Lampion hinein und dabei kann man auch Erfahrungen über das innere Licht aussprechen. Beispiele:
- Das innere Licht geht in mir immer dann auf, wenn ich an einem Winterabend eine Kerze für mich ganz allein entzünde.
- Das innere Licht sehe ich dann, wenn ich jemandem einen brennenden Wunsch erfüllen kann.
- Wenn mir jemand Tee ans Krankenbett bringt.
- Wenn jemand nicht nur zuhört, sondern auch hinhört.
- Das innere Licht ist für mich das Licht, das ich in meiner Todesstunde erwarte.
- Das Wissen um Gottes Wirken in mir.
- Das innere Licht ist für mich ein Licht, das ich auch dann noch sehe, wenn ich die Augen schließe.

Ruhige Musik zum Ausklang.

→ **Das Zitat zum Thema**
Große Feuer leuchten weit, aber die kleinen wärmen.
(Karl Heinrich Waggerl)

Abend

Zugang

Die meisten Menschen arbeiten tagsüber und freuen sich, wenn sie wieder zu Hause sind und zur Ruhe kommen. Der Übergang gestaltet sich in vielen Fällen sehr unterschiedlich und nicht alle können sogleich den Abend ruhig oder meditativ einbringen. Aber manchmal ist das möglich, besonders auch dann, wenn Menschen in einem Bildungshaus versammelt sind oder als Angebot in einer Gemeinde. Zum Beispiel »5 nach 5«, also eine kurze Besinnungszeit um 17.05 Uhr in einer Kirche oder einem anderen geeigneten Raum.

Einstieg

Vom Aktivsein zur Ruhe
Vom Denken zum Bedenken
Vom Rampenlicht zum Kerzenschein
Vom Anklang zum Ausklang
Von der Fremde zur Heimat
Von der Welt im Schein zur Welt im Sein

Zum Kreise, was nicht ganz
lass mich sein in deinem Glanz.

Sich finden
– eine kleine Übung zum Loslassen –

1. Teil
Dazu soll man eine ungestörten Ort suchen und sich auf einen bequemen Sessel setzen. Die Hände sollten dabei mit der Handinnenfläche auf den Schoß gelegt werden.
Ich lege meine Hände in den Schoß
und will damit zeigen,
dass ich nach dem langen Tag
loslassen will.

Ich finde meinen Atem
und lasse ihn ruhig fließen.
Ich atme die Anspannungen des Tages aus
und ein die Gelassenheit des Abends.

Ich suche meinen Ton
und lege ab, was nicht stimmig ist.
Ich suche mir das Wort,
das mich in meine Heimat führt.

Ich schaue aus der Welt
tief in mich hinein.
Hier will ich den Frieden finden
und das Glück für diese Nacht.

2. Teil

Die linke Hand bleibt mit der Handinnenfläche auf dem Oberschenkel liegen, die rechte wird umgedreht, so dass sie geöffnet nach oben liegt.
Meine linke Hand zeigt nach unten.

Sie will und soll all das zum Ausdruck bringen, was ich heute gegeben habe: Arbeitskraft, Ideen, ein gutes Wort, Verständnis, Essen und Trinken – und was mir noch in den Sinn kommt.

– Pause –
Meine rechte Hand zeigt nach oben.

Sie will und soll all das zum Ausdruck bringen, was ich heute bekommen und empfangen habe: ein Lächeln, eine Speise oder ein Getränk, eine Aufmunterung oder ein Entgegenkommen, Geld oder ein Geschenk – und was mir noch in den Sinn kommt.

Ausklang

Die Zeit nach der Tagesarbeit nennt man Feierabend. Damit will auch gesagt sein, dass man feiern soll. Das wollen wir jetzt tun. Möglichkeiten:

– einen Drink nehmen
– den Sonnenuntergang oder die beginnende Dämmerung in Stille schauen
– Ein Lied summen

- sich hinlegen und die Füße hoch lagern
- eine schöne Musik auflegen
- miteinander ein Stück Brot essen und einen Becher Wein trinken

→ **Das Zitat zum Thema**

Ein Mensch, dem nicht jeden Tag eine Stunde gehört, ist kein Mensch. (Rabbi Mosche Löb)

Weitere Bücher von Josef Griesbeck

77 meditative Impulse

Für Schule, Gottesdienst und Gemeinde

Format: 13,9 x 21,4 cm, 96 Seiten, Paperback

ISBN 3-451-26096-4

Diese an Symbolen orientierten Meditationen bieten Anregungen, unseren täglichen Begegnungen, den Dingen und Geheimnissen der Welt auf den Grund zu gehen, weil alles, was ist, einen Grund und einen Namen hat. Anregungen dazu, unseren täglichen Begegnungen, den Dingen und Geheimnissen der Welt auf den Grund zu gehen.

Alle Farben dieser Erde

44 Fantasiereisen für Liturgie und Gruppenarbeit

Format: 11,9 x 19,8 cm, 120 Seiten, Paperback

ISBN 3-451-27214-1

In den hier gebotenen Beispielen geht es nicht einfach um Fantasie oder um »irrational Unbewusstes«, sondern es wird dem ganzheitlichen Ansatz christlicher Spiritualität Rechnung getragen. Es finden sich Beispiele für die Verwendung von Fantasiereisen in liturgischen Feiern, in katechetischen Gruppen (z.B. zur Erstkommunion und Firmvorbereitung), in Familienkreisen oder Partnerschafts- und Selbsterfahrungsgruppen. Mit ausführlichen Hinweisen zur Vorbereitung und Durchführung.

Gemeinschaft leben

Impulse und Methoden für die Jugend- und Gemeindearbeit

Format: 13,9 x 21,4 cm, 176 Seiten, Paperback

ISBN 3-451-27460-4

Wie kann das Zusammensein, das Miteinander glücken? – Josef Griesbeck hat Ideen, Materialien, Methoden und Texte gesammelt, die in der Praxis erprobt sind. Es finden sich mehr als hundert »Ansätze zum Handeln« und noch viel mehr Materialien und zahlreiche Hinweise auf weitere Fundstellen.

Erhältlich in allen Buchhandlungen!

HERDER